D1918751

Hans-Gerd Finke

Günter G. A. Marklein

SOZIALVERBAND

VdK

NIEDERSACHSEN-BREMEN

Chronik 1949 bis 2025

VdK-Landesverbandsgeschäftsstelle Nikolausstraße 11 in Oldenburg

Hans-Gerd Finke

Günter G. A. Marklein

SOZIALVERBAND VdK NIEDERSACHSEN-BREMEN

Chronik 1949 bis 2025

ISENSEE VERLAG
OLDENBURG

Text und Foto:
Hans-Gerd Finke, Günter G. A. Marklein,
Archive VdK Niedersachsen-Bremen und VdK Deutschland
Pressestelle VdK Niedersachsen-Bremen: Christina Diekmann

Redaktion:
Renate Marklein-Hebbel

Gestaltung:
Stefanie Tegeler, Isensee Verlag Oldenburg

Bibliografische Information der Deutschen Bibliothek

Die Deutsche Nationalbibliothek verzeichnet diese Publikation in der Deutschen Nationalbibliografie; detaillierte bibliografische Daten sind im Internet über http://dnb.d-nb.de abrufbar.

ISBN 978-3-7308-2240-1

© 2025 Isensee Verlag, Haarenstraße 20, 26122 Oldenburg –
Alle Rechte vorbehalten
Gedruckt bei Isensee in Oldenburg

Inhalt

© Rawpicel, iStock

„Inmitten von Trümmern“ – So sieht Kogon 1946 die NS-Zeit

„Etwas Metaphysisches, das dem Verstand allein kaum mehr begreifbar ist, hat sich in den zwölf Rauhjahren des Dritten Reiches mit dem deutschen Volke abgespielt. Aus dem bayerisch-österreichischen Innviertel, wo die Überlieferungen des wilden Heerbanns zwischen Weihnacht und Epiphanie noch am lebendigsten sind, kam ein Mann, dem die Niedrigkeit in Form einer schwarzen Haartolle in

die Stirn gestrichen und die Lächerlichkeit unter die Nase gewachsen war, ein Mann mit dem stechenden Blick des Gezeichneten. Er trommelte, trommelte über das Land hin – in einem Advent des Hasses sich selbst als Erlöser kündend, bis um die Zeit der Wende sein Sturm brausend sich erhob und Deutschland mitriss. Ob sie ängstlich am Boden kauerten in der Hoffnung, es werde ohne Schaden über sie hinwegziehen, oder erhobenen Hauptes der nationalsozialistischen Streitkraft sich beigesellten, Parteigenossen, Wehrwirtschaftsführer, HJ-Bannerträger, Frauenschaftsleiterinnen, Blockwarte, Maiden, Soldaten, Solda-

Aus Skizzenbuch zum Tausendjährigen Reich. Federzeichnungen von Karl Josef Weinmair, 1944.

ten, deren Blitzkriege Europa zerschmetterten – sie waren alle gebannt von ihm. Eingehüllt in ein gleißendes nationalistisches Blendwerk, jagte er sie in den apokalyptischen Feuer- und Bombenregen der Jüngsten Tage. In den Abgrund der Not und der Verkommenheit gestürzt, erwachte schließlich der Rest inmitten von Trümmern und Leichen…“. So beschreibt Eugen Kogon in der Zeitschrift *Die neue Rundschau* im Jahr 1946 die Zeit des Nationalsozialismus in Deutschland.

Die Kriegsfolgen für Deutschland

Die deutsche Kriegsniederlage vom 8. Mai 1945, die am Tage zuvor in Reims mit der bedingungslosen Kapitulation der deutschen Wehrmacht besiegelt worden war, war ein Akt der Befreiung, zugleich aber auch der Untergang des von Bismarck gegründeten deutschen Nationalstaats. Das war die „tiefe Paradoxie“, von der der emigrierte Historiker Hans Rothfels sprach: „Es waren deutsche Patrioten, die den Tag der Kapitulation herbeiflehen muss-

Einmarsch der Besatzer in Deutschland.

ten, so wenig sie sich über das dann Kommende Illusionen machen mochten."

Über 50 Millionen Tote hatte dieser weltweite Krieg gefordert, aus dem die USA und die seit 1949 ebenfalls über Atomwaffen verfügende Sowjetunion als militärische Supermächte hervorgegangen waren.

Nach den zwölf Jahren nationalsozialistischer Herrschaft standen große Teile der deutschen Bevölkerung praktisch vor dem Nichts. Städte und Wohnungen waren zerbombt und ausgebrannt, Industrie und Versorgungseinrichtungen waren zerstört, Millionen von Umsiedlern, Vertriebenen und Flüchtlingen suchten Unterkunft und Nahrung. Der Zusammenbruch war offenkundig. Viele hatten nur das nackte Leben gerettet. Die Verwaltung funktionierte nicht, auch nicht die Schulen und Universitäten. Den Deutschen flogen die Scherben des Reiches um die Ohren.

Die Bilanz des Krieges lastete auf den Gemütern. Zerbombte Städte, in denen fünfhunderttausend Zivilisten den Tod gefunden hatten. Vierzehn Millionen Flüchtlinge und Vertrie-

Bremen ohne Weserbrücke: Starker Eisgang zerstörte die von Amerikanern gebaute Behelfsbrücke.

bene, 2,8 Millionen, die auf der Flucht ums Leben gekommen waren, 3,76 Millionen gefallene deutsche Soldaten, eine halbe Million Vermisste, vier Millionen Verwundete, von denen viele an Krücken durch die Trümmer humpelten.

Der Beginn des VdK

Beim Blick auf Entstehung und Entwicklung des VdK in den Jahren von 1945 bis 1949 fällt auf, dass nahezu überall dieselben Schwierigkeiten zu überwinden waren. Die Siegermächte wollten im Zuge der Beseitigung des deutschen Militarismus die Versorgung der Kriegsopfer aus beiden Weltkriegen mit einem Federstrich 1945 tilgen und damit die rund fünf Millionen Kriegsopfer ohne jegliche finanzielle Unterstützung dastehen lassen.

In logischer Anwendung dieses Prinzips verboten die Siegermächte auch den Zusammenschluss dieser Personenkreise in Verbänden und Vereinigungen und zwar örtlich wie auch überörtlich in den neu geschaffenen Staaten und Ländern innerhalb ihrer Zone. Die Zahl der Betroffenen, hinter der viele Einzelschicksale stehen, war groß: ca. 3,5 Millionen Gefallene und auf andere Weise umgekommene Soldaten, 14,5 Millionen geflohene, vertriebene, verschleppte, davon 2,1 Millionen umgekommene Menschen. 2,8 Millionen Bombenopfer, 6 Millionen Kriegsgefangene und verschleppte Sol-

Claus Hansmann um 1948.

daten, 5,5 Millionen Kriegsbeschädigte, Witwen, Waisen und Eltern gefallener Soldaten.

Gerade für die Kriegsopfer war die Situation äußerst schwierig. Es fehlte an Unterkünften. Viele Wohnungen und Häuser waren nach Kriegsende nur notdürftig hergerichtet worden und stellten für Menschen, die Gliedmaßen verloren hatten, oft hohe Hürden dar. Es fehlte auch an Unterstützung seitens des Gesetzes. Gerade die Kriegsopfer sahen sich in besonderer Weise einer Situation der Rechtlosigkeit ausgeliefert. Ihr Bedürfnis, sich zusammenzuschließen, um zu überleben, war deshalb groß. Daraus resultierte in gewisser Weise auch die Angst der Besatzungsmächte vor großen Organisationen, so dass sie diese zunächst ablehnten.

Innerhalb von zwei Jahren gab es dann aber wider Erwarten erste gesetzliche Versorgungsleistungen für Kriegsopfer. Zunächst auf nationaler Ebene mit dem Körperbeschädigten-Leistungsgesetz (KBLG) für die US-Zone ab 1947 und mit der Sozialversicherungsdirektive Nr. 27 im gleichen Jahr für die britische Zone. Besser war die Situation in der französischen Zone, in der frühere Gesetze sogar erhalten blieben. Im Land Baden wurde faktisch ohne Übergang die Versorgung nach dem früheren Reichsversorgungsgesetz und dem Wehrmachtsfürsorge- und Versorgungsgesetz (für die Opfer des Zweiten Weltkrieges) weiter gewährt. Hier konnten die Versorgungsdienststellen nach kurzem Interregnum ihre Tätigkeiten wieder aufnehmen. Das Land Rheinland-Pfalz erhielt ein eigenes Landesversorgungsgesetz und im Lande Württemberg-Hohenzollern wurde zwar erst einige Zeit später ein Kriegsbeschädigtenleistungsgesetz geschaffen, dann allerdings mit höheren, dem Land Baden vergleichbaren Leistungen.

Besonders schlecht war die Situation für die Kriegsopfer in Berlin. Dort gab es selbst fünf Jahre nach Kriegsende kein Versorgungsgesetz. Erst nach Gründung der Bundesrepublik Deutschland im Jahre 1949 wurden sie in das Versorgungsrecht des westdeutschen Staates einbezogen, so dass sich ihre verzweifelte Situation besserte.

Dennoch, bis Oktober 1950 mussten die Kriegsopfer auch in den Westsektoren der geteilten Stadt weit unter dem Existenzminimum leben. Insofern ist es nicht verwunderlich, dass die Gründung von überregionalen Verbänden – je nach Einstellung der jeweiligen Besatzungsmacht und den Schwierigkeiten, die sich einer Gründung in den Weg legten – sich über Jahre hinzog.

1945 konnte nur in Württemberg-Baden (US-Zone) vorübergehend ein Kriegsbeschädigtenverband gegründet werden, der aber 1946 wieder verboten und nach einigen Monaten als Verband von Körperbeschädigten zugelassen wurde.

1946 war ein Jahr des überörtlichen Zusammenschlusses in fast allen Zonen und heutigen Bundesländern. Nur in Württemberg-Hohenzollern verzögerte sich die Gründung eines Verbandes bis Anfang 1948 wegen des Widerstands der dortigen französischen Militärregierung.

Die norddeutschen Landesverbände des VdK konnten erst ins Leben gerufen werden, nachdem jahrelange Einigungsverhandlungen mit dem Reichsbund, der von den Briten zugelassenen, größten zentral geführten Organisation im Norden der Bundesrepublik, zunächst gescheitert waren.

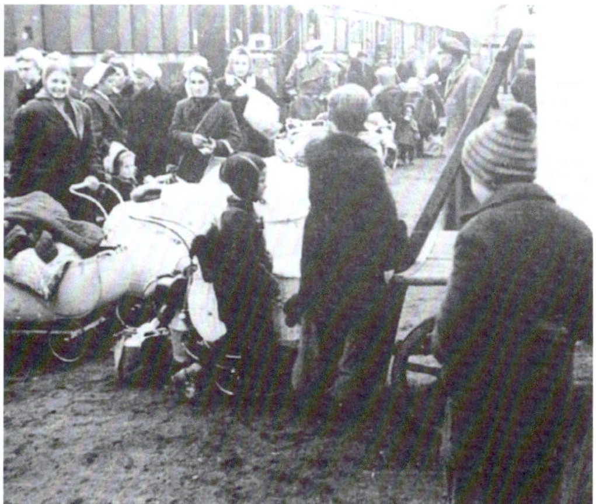

Flüchtlingsankunft im Oldenburger Land 1946 (Stadtmuseum Oldenburg).

In Hamburg, Niedersachsen-Bremen und Schleswig-Holstein waren die schon bestehenden kleineren Verbände, die sich gegründet hatten, zum VdK übergetreten. Sie erkannten im VdK Deutschland die starke, föderalistisch aufgebaute Organisation, die ihnen ihr Eigenleben auf Landesverbandsebene gewährleistete und die nach ihrer Meinung parteipolitisch neutral war, was auch praktisch zutraf und nicht nur in der Satzung stand.

Der VdK-Landesverband Berlin wurde 1952 gegründet, die Saarländische VKS (Vereinigung der Kriegsopfer im Saarland) schloss sich 1958 dem VdK an. Diese Entwicklungen haben dazu geführt, dass im Gegensatz zum

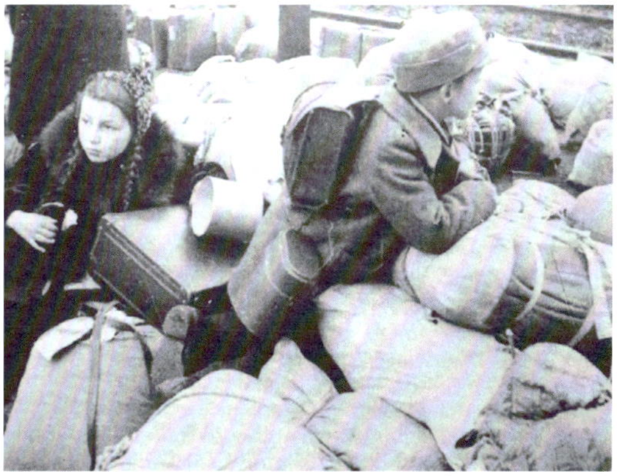

Auf dem Oldenburger Bahnhof.

Norden – wo der Reichsbund relativ stark ist – der VdK im Süden, Südwesten und Westen stark verankert ist.

Die Landesverbände und ihre Verbandsgliederungen vertraten ihre Mitglieder vor den Gerichten und Behörden, soweit es solche wieder oder noch gab. Die Anfangsjahre erforderten vor allem eine umfassende Selbsthilfe der VdK-Landesverbände und ihrer Orts- und Kreisverbände. Von der Beschaffung orthopädischer

Hilfsmittel, der Sonderzuteilung von Lebensmittelmarken für Schwerstbeschädigte, der Verteilung von Radios bis hin zur Beseitigung der ärgsten Wohnungsnot wurden Anstrengungen unternommen, um die Not unter den VdK-Mitgliedern zu lindern. Nicht zu vergessen sind die von Mitgliedern des Verbands beschafften Untersätze für Versehrte und vieles mehr.

Mit dem Fahrrad, zu Fuß oder in einem Versehrtenfahrzeug sind damals die VdK-Mitarbeiterinnen und Mitarbeiter über Land gefahren und haben in den entlegensten Ortschaften Sprechstunden durchgeführt. Auf Straßen und Marktplätzen oder in der Ecke einer Rot-Kreuz-Baracke wurden die hilfesuchenden Kriegsopfer, Sozialrentner und Zivilbeschädigten beraten, für sie Anträge ausgefüllt und diese bei den Behörden eingereicht.

Es war eine mühsame Zeit. Rückschauend aber kann man feststellen: Diese Anfangszeit war auch die Zeit der großen Hilfsbereitschaft, des selbstlosen Einsatzes Zehntausender von Mitarbeiterinnen und Mitarbeitern. Die Mitglieder wuchsen damals zu einer VdK-Familie zusammen, der großen Gemeinschaft, von der später so viel geschrieben und gesprochen wurde.

Die geschichtliche Entwicklung des VdK Niedersachsen-Bremen ab 1949

Obwohl schon damals das Helfen an der Spitze aller Bemühungen stand, erlaubte die britische Besatzungsmacht zunächst keine Zusammenschlüsse von Kriegsbeschädigten und Kriegshinterbliebenen.

Dennoch hat sich der Selbsthilfewille nach dem Zusammenbruch 1945/1946 gerade bei den Opfern der Kriege durchgesetzt, die in doppelter und dreifacher Form geschlagen waren. Sie hatten Opfer gebracht, waren selber Opfer geworden und wurden letzten Endes auch noch, weil sie ja mit dabei gewesen waren, schuldig gesprochen und diffamiert.

Statt in den Wirren der letzten Tage des grausamen Geschehens und der Gesetzlosigkeit unterzugehen, bewiesen gerade diejenigen, die die schwersten Opfer bringen mussten, Mut, Kraft und Entschlossenheit, für ihre Leidensgefährten einzustehen.

In wesentlichen Zügen ist die geschichtliche Entwicklung des VdK-Landesverbands Niedersachsen-Bremen anders verlaufen als die der meisten anderen VdK-Landesverbände. Nachdem die Besatzungsmächte sich eines Besseren besonnen hatten, bekam zunächst der Reichsbund (1917 gegründet) als einzige Organisation die Erlaubnis zu einer Wiedergründung. Im Jahre 1945 durften die Kriegsopfer in den Bundesländern Niedersachsen und Bremen ihre Interessen nur durch diese einzige Organisation vertreten lassen.

Der Einsicht folgend, dass es das demokratische Recht eines jeden Staatsbürgers ist, frei zu entscheiden, von welcher Organisation er seine sozialpolitischen Belange gewahrt wissen will, entstanden im Jahre 1946 unter Ausnutzung alter Verbindungen zu ehemaligen Kriegsopfern der Weimarer Zeit in den Städten und Gemeinden örtliche Zusammenschlüsse kleiner Gruppen von Kriegsopfern neben der von der Besatzungsmacht einseitig begünstigten Organisation. Sie stellten sich zunächst unter den Schutz des Deutschen Roten Kreuzes (DRK).

„Wenn man Aufgaben des Roten Kreuzes durch ein kurzes Motto ausdrücken will, würde es etwa heißen können: ‚Erste Hilfe in menschlicher Not'. Henri Dunant wurde zur Gründung des Roten Kreuzes durch die schrecklichen Leiden der Verwundeten auf dem Schlachtfelde von Solferino am 24. Juni 1859 veranlasst. Leiden, die er selbst zu beobachten Gelegenheit hatte. Aus diesem Urgrunde hat sich schon bald und im Laufe der Jahre immer umfassender die allgemeine Wohlfahrtstätigkeit des RK entwickelt, wie sie heute, und nach der Katastrophe von 1945 in bedeutend verstärktem Maße sich darstellt. Aber auch im Rahmen dieser Wohlfahrtsarbeit, wie von Anfang an während des Krieges, die Sorge für die Verwundeten, so nach dem Kriege diejenigen, für die Opfer des Krieges an erster Stelle bestehen, also für die Kriegsversehrten und die Hinterbliebenen der Gefallenen. Darum hat sich der oldenburgische Landesverband in der Landeshilfe eine eigene Organisation geschaffen, die, wie die acht Kreisverbände und die Schwesternschaft, Mitglied des Verbandes sind, von ihm beaufsichtigt wird, Hand in Hand mit dem Landesverband und den Kreisverbänden arbeitet und mit diesen der Not der Kriegsbeschädigten und der Witwen und Waisen der Gefallenen nach Möglichkeit abzuhelfen bestrebt ist. Die Landeshilfe hat in den zwei Jahren ihrer Wirksamkeit in der Betreuung und Beratung ihrer Mitglieder beachtliche Leistungen aufzuweisen, die, soweit es die finanziellen Verhältnisse zulassen, fortzusetzen und zu steigern, ihre satzungsgemäße Pflicht, ihr Wunsch und Wille ist.

Oldenburg in O., Weihnachten 1948,
Wilhelm Ahlhorn, Staatsrat a. D.
Präsident des DRK-Landesverbandes und des
DRK-Landeshilfe Oldenburg"

aus: Mitteilungen der DRK-Landeshilfe, Dezember 1948

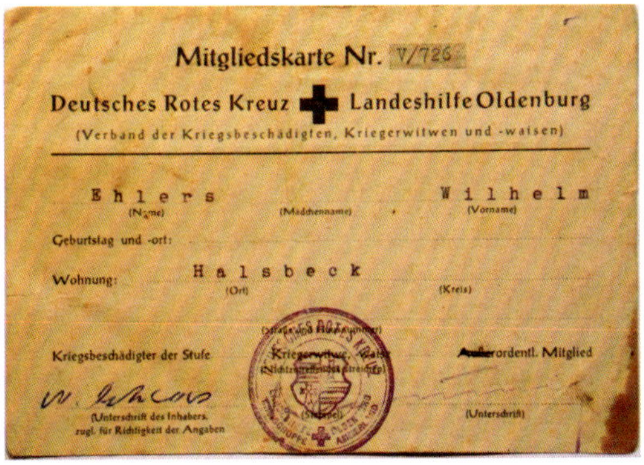

Mitgliedskarte Nr. V/726
Deutsches Rotes Kreuz Landeshilfe Oldenburg
(Verband der Kriegsbeschädigten, Kriegerwitwen und -waisen)

Ehlers (Name) (Mädchenname) Wilhelm (Vorname)
Geburtstag und -ort:
Wohnung: Halsbeck (Ort) (Kreis)

Kriegsbeschädigter der Stufe ordentl. Mitglied
(Unterschrift des Inhabers, zugl. für Richtigkeit der Angaben) (Siegel) (Unterschrift)

Mitgliedskarte Deutsches Rotes Kreuz, Landeshilfe Oldenburg.

Im Land Oldenburg schlossen sich die einzelnen unabhängigen Gruppen zur „Landeshilfe Oldenburg" zusammen. Die Zusammenfassung dieser Gruppen war nur mit Hilfe des Deutschen Roten Kreuzes möglich, unter dessen Zeichen sich der erste Zusammenschluss von Kriegsopfern und Sozialrentnern vollzog. Ohne das Verständnis des damaligen und letzten Ministerpräsidenten des Landes Oldenburg, Theodor Tantzen, wäre die Bildung dieser Vorläufer-Organisation des VdK-Landesverbands nicht zustande gekommen.

Theodor Tantzen

geb. 14. Juni 1877
in Heering bei Nordenham
gest. 11. Januar 1947 in Oldenburg

Oldenburg war vielleicht das erste deutsche Land, in dem schon im Mai 1945 wieder eine eigene Regierung eingesetzt wurde. Im März 1946 erhielt das Land feierlich seine Selbstständigkeit zurück und bekam einen Landtag. Aber bereits am 1. November 1946 nahm dieselbe Militärregierung dem Land alle Rechte wieder und schlug Oldenburg zu dem neuen Land Niedersachsen.

Theodor Tantzen entstammte einem altangesehenen Marschenbauerngeschlecht, das zahlreiche politisch befähigte Köpfe hervorgebracht hat. Seit 1900 betätigte sich Tantzen in der Kommunalpolitik, zog 1910 als Abgeordneter in den Oldenburger Landtag ein und wurde 1919 erster oldenburgischer Ministerpräsident. 1945 war er dann der letzte.

Den wenigen Kameradinnen und Kameraden, so bezeichneten sich die Kriegsopfer und Hinterbliebenen selbst, denen die Zusammenfassung der Kriegs- und Arbeitsopfer zunächst im ehemaligen Land Oldenburg in der Vorläufer-Organisation des VdK-Landesverbands gelang, ist es zu verdanken, dass die große Gemeinschaft des VdK Deutschland auch hier in der nordwestlichen Ecke des Bundesgebietes Fuß fassen konnte.
Mehrjährige praktische Erfahrungen als „Landeshilfe Oldenburg“ und später als „Deutsche Kriegsopferhilfe“ gingen der eigentlichen Gründung des VdK-Landesverbands voraus. Am 4. September 1949 wurden endlich die 112 Ortsgruppen mit 11 249 Mitgliedern, die sich in acht Kreisverbänden organisiert hatten, dem neu gegründeten VdK-Landesverband Niedersachsen zugeführt und damit die damalige Deutsche Kriegsopferhilfe als Vorläuferorganisation dem VdK Deutschland angeschlossen.
Die Geschichte des VdK-Landesverbands ist von harter Aufbauarbeit gekennzeichnet. In diesem großen niedersächsischen Flächenstaat mit seiner weiten Ausdehnung und geringer Bevölkerungsdichte waren Aufgaben in Angriff zu nehmen, die von den Mitarbeiterinnen und Mitarbeitern einen sehr hohen persönlichen Einsatz und darüber hinaus von ihnen auch Opfer an Zeit und Geld verlangte.

Da alle Bemühungen, mit dem Reichsbund zu einer einheitlichen Organisation zu kommen, ohne Erfolg blieben, erhielt der junge Landesverband schon frühzeitig vom VdK-Präsidium in Bonn den Auftrag, die Verschmelzung der verschiedenen Kriegsopferverbände im gesamten Gebiet von Niedersachsen und Bremen durchzuführen. In beiden Bundesländern sollte eine festgefügte Organisation aufgebaut werden.

Gestützt auf die Erfahrungen älterer Kameradinnen und Kameraden, die schon in den Kriegsopferverbänden der Weimarer Zeit tätig gewesen waren, gelang es dem VdK-Landesverband in Niedersachsen und Bremen, in wenigen Jahren eine bedeutsame organisatorische Leistung zu erbringen und dadurch mitzuhelfen, dass der VdK Deutschland schon im Jahre 1950

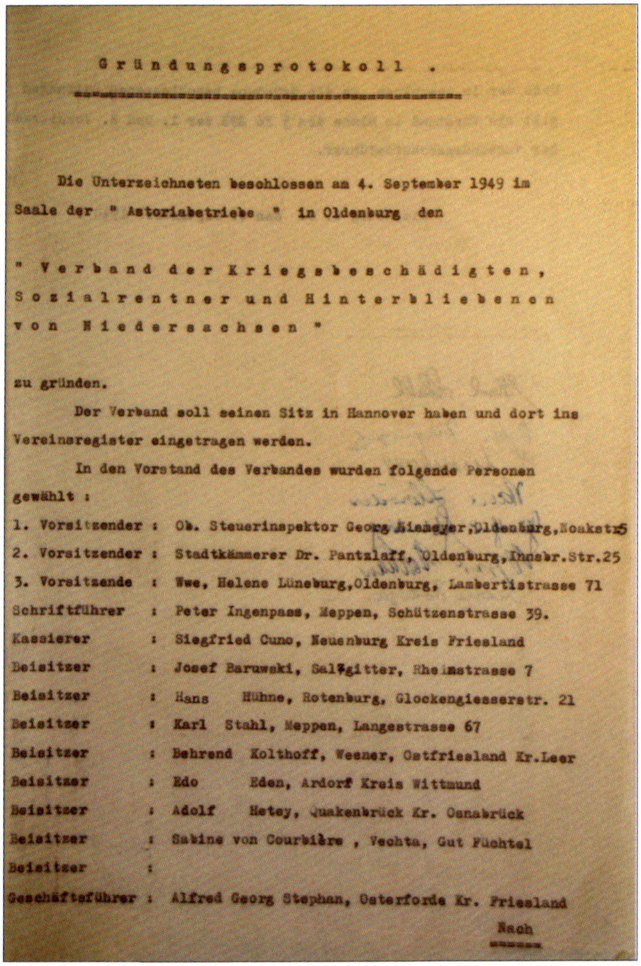

G r ü n d u n g s p r o t o k o l l .

Die Unterzeichneten beschlossen am 4. September 1949 im Saale der " Astoriabetriebe " in Oldenburg den

" V e r b a n d d e r K r i e g s b e s c h ä d i g t e n , S o z i a l r e n t n e r u n d H i n t e r b l i e b e n e n v o n N i e d e r s a c h s e n "

zu gründen.

Der Verband soll seinen Sitz in Hannover haben und dort ins Vereinsregister eingetragen werden.

In den Vorstand des Verbandes wurden folgende Personen gewählt :

1. Vorsitzender	:	Ob. Steuerinspektor Georg Niemeyer, Oldenburg, Noakstr5
2. Vorsitzender	:	Stadtkämmerer Dr. Pantzlaff, Oldenburg, Innsbr.Str.25
3. Vorsitzende	:	Wwe, Helene Lüneburg, Oldenburg, Lambertistrasse 71
Schriftführer	:	Peter Ingenpass, Meppen, Schützenstrasse 39.
Kassierer	:	Siegfried Cuno, Neuenburg Kreis Friesland
Beisitzer	:	Josef Baruwski, Salzgitter, Rheinstrasse 7
Beisitzer	:	Hans Hühne, Rotenburg, Glockengiesserstr. 21
Beisitzer	:	Karl Stahl, Meppen, Langestrasse 67
Beisitzer	:	Behrend Kolthoff, Weener, Ostfriesland Kr.Leer
Beisitzer	:	Edo Eden, Ardorf Kreis Wittmund
Beisitzer	:	Adolf Hetey, Quakenbrück Kr. Osnabrück
Beisitzer	:	Sabine von Courbière , Vechta, Gut Füchtel
Beisitzer	:	
Geschäftsführer	:	Alfred Georg Stephan, Osterforde Kr. Friesland

Nach

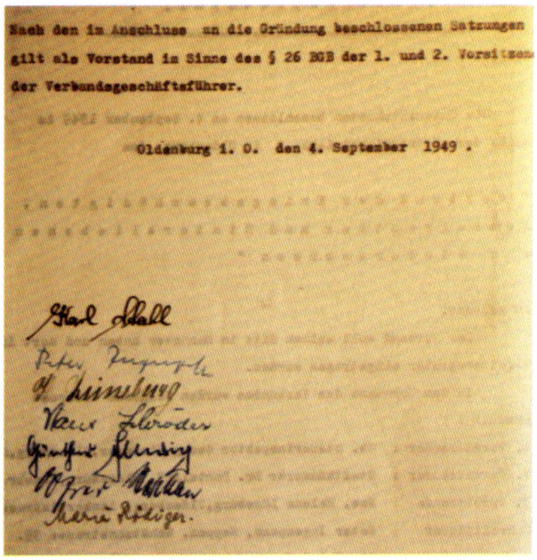

Nach den im Anschluss an die Gründung beschlossenen Satzungen gilt als Vorstand im Sinne des § 26 BGB der 1. und 2. Vorsitzende der Verbandsgeschäftsführer.

Oldenburg i. O. den 4. September 1949 .

Gründungsprotokoll des VdK Landesverbands Niedersachsen vom 4. September 1949.
Als Sitz des Verbandes wurde später nicht Hannover, sondern Oldenburg in das Vereinsregister des Amtsgerichts Oldenburg unter Nr. 539 eingetragen, nachdem der Verband sich 1951 für die Länder Niedersachsen und Bremen aufgestellt hatte.

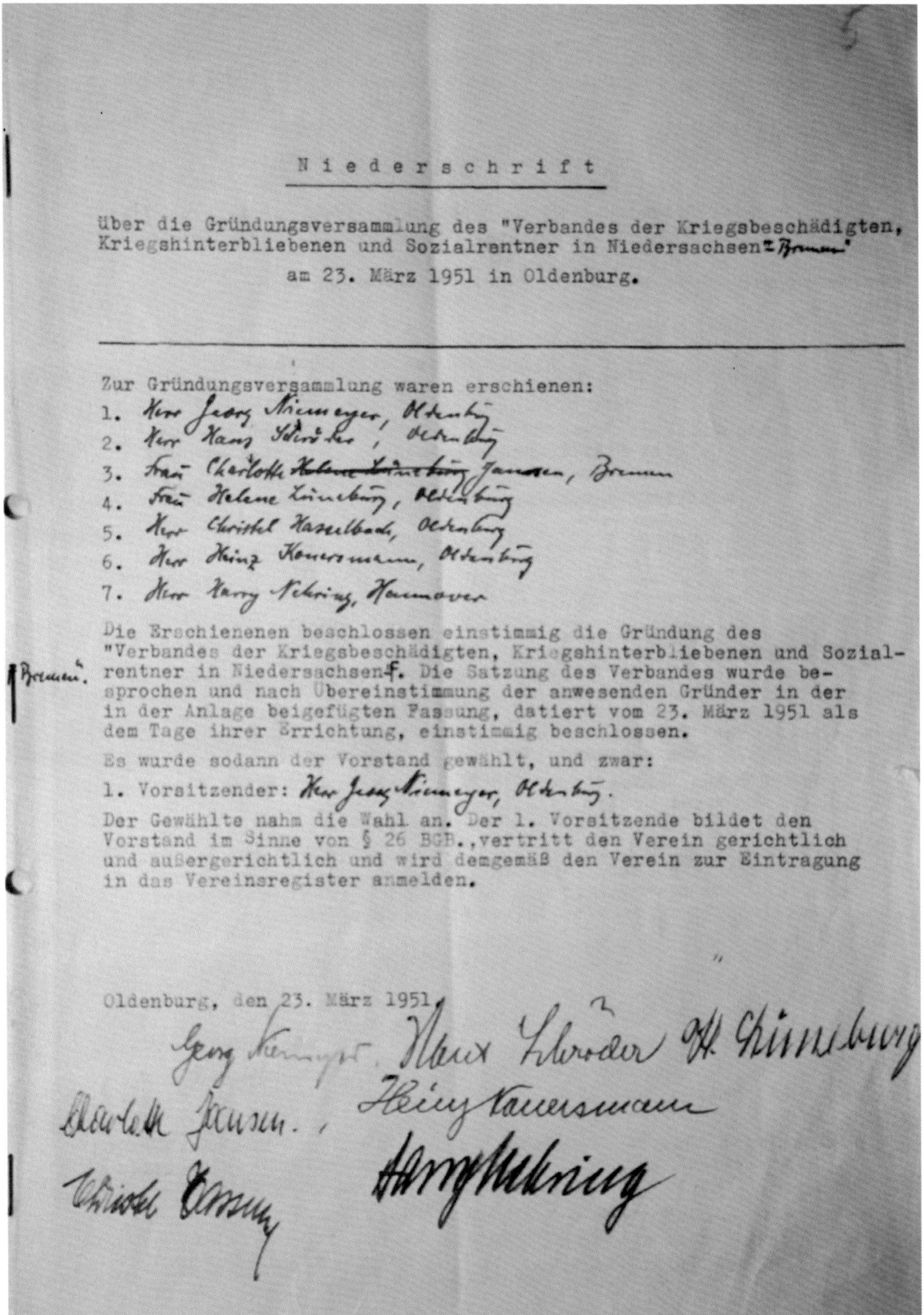

N i e d e r s c h r i f t

über die Gründungsversammlung des "Verbandes der Kriegsbeschädigten, Kriegshinterbliebenen und Sozialrentner in Niedersachsen u. Bremen"
am 23. März 1951 in Oldenburg.

Zur Gründungsversammlung waren erschienen:
1. Herr Georg Niemeyer, Oldenburg
2. Herr Hans Schröder, Oldenburg
3. Frau Charlotte ~~Helene Lüneburg~~ Janssen, Bremen
4. Frau Helene Lüneburg, Oldenburg
5. Herr Christel Haselbach, Oldenburg
6. Herr Heinz Kauersmann, Oldenburg
7. Herr Harry Nehring, Hannover

Die Erschienenen beschlossen einstimmig die Gründung des "Verbandes der Kriegsbeschädigten, Kriegshinterbliebenen und Sozialrentner in Niedersachsen u. Bremen". Die Satzung des Verbandes wurde besprochen und nach Übereinstimmung der anwesenden Gründer in der in der Anlage beigefügten Fassung, datiert vom 23. März 1951 als dem Tage ihrer Errichtung, einstimmig beschlossen.

Es wurde sodann der Vorstand gewählt, und zwar:

1. Vorsitzender: Herr Georg Niemeyer, Oldenburg.

Der Gewählte nahm die Wahl an. Der 1. Vorsitzende bildet den Vorstand im Sinne von § 26 BGB., vertritt den Verein gerichtlich und außergerichtlich und wird demgemäß den Verein zur Eintragung in das Vereinsregister anmelden.

Oldenburg, den 23. März 1951.

Georg Niemeyer. Hans Schröder H. Lüneburg
Charlotte Janssen. Heinz Kauersmann
Christel Haselbach Harry Nehring

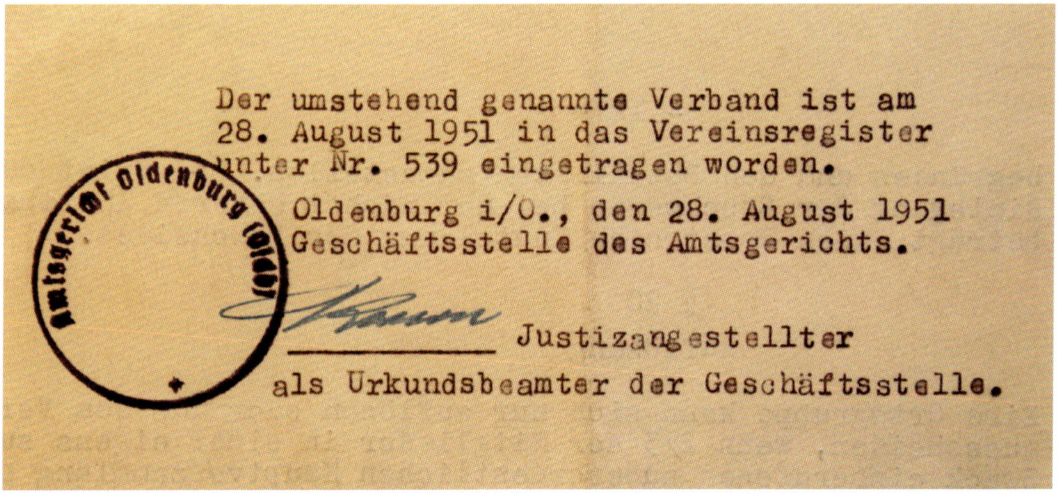

Amtsgericht Oldenburg (Oldb)

Der umstehend genannte Verband ist am
28. August 1951 in das Vereinsregister
unter Nr. 539 eingetragen worden.
Oldenburg i/O., den 28. August 1951
Geschäftsstelle des Amtsgerichts.

Justizangestellter
als Urkundsbeamter der Geschäftsstelle.

Nach Namensänderungen in den Jahren 1970 und 1995 ist der Verband heute als Sozialverband VdK Niedersachsen-Bremen unter Nr. 981 in das Vereinsregister des Amtsgerichts Oldenburg eingetragen und ist auch Mitgliedsorganisation im Paritätischen Wohlfahrtsverband Niedersachsen e.V.

Die VdK-Mitgliedsbeiträge wurden anfangs im Mitgliedsbuch durch eingeklebte Marken quittiert. Unterschiedliche Anstecknadeln in Silber und Gold gab es schon damals als Auszeichnung für langjährige Mitgliedschaften. Das VdK-Logo wurde im Laufe der Jahre bis heute mehrfach geändert und modernisiert.

Um Georg Niemeyer (Vierter von links), dem Gründungsvorsitzenden des VdK-Landesverbands, hatte sich frühzeitig eine Führungsmannschaft gesammelt, der es gelang, dem VdK in den Ländern Niedersachsen und Bremen den notwendigen Einfluss zu sichern und eine kraftvolle Organisation aufzubauen.

nach dem deutschen Gewerkschaftsbund die größte westdeutsche Organisation dieser Art wurde.
Bereits kurze Zeit nach der Konstituierung des VdK-Landesverbands in Niedersachsen und Bremen schlossen sich fünf Kreisverbände des Reichsbundes an. Zahlreiche Ortsgruppen und größere Teile weiterer Kreisverbände des Reichsbundes folgten. Unabhängig hiervon konnte auch der Zusammenschluss mit anderen Kriegsopferorganisationen, die örtliche Bedeutung hatten, erreicht werden.

Es waren dies u. a.:

· Union der Kriegsbeschädigten

· Bund der Kriegsopfer in Braunschweig und Wolfenbüttel

· Vereinigung Bremischer Kriegsbeschädigter und Rentenempfänger

· Reichsverband der Kriegsopfer in Osterholz-Scharmbeck

· Gruppe Litzenberg im Kreis Bremervörde

Diese Organisationen waren mit den zum VdK übergetretenen Reichsbund-Gliederungen maßgebend an der Ausbreitung des VdK in Niedersachsen und Bremen beteiligt.
Darüber hinaus kam es in den Folgejahren zu

weiteren Gründungen von VdK-Kreisverbänden, z. B. in den Kreisen Lüchow-Dannenberg und Celle. Dieser Prozess der organisatorischen Ausweitung war auch 25 Jahre nach Gründung des VdK-Landesverbands Niedersachsen-Bremen längst nicht abgeschlossen. Noch Ende 1973 kam es zur Gründung des Kreisverbands Holzminden. Die gute Mitglieder-Entwicklung des Landesverbands mag aus den folgenden Zahlen deutlich werden:

Am 4. September 1949 zählte der Landesverband 112 Ortsgruppen und acht Kreisverbände mit 11 249 Mitgliedern.

Bereits im März 1950 waren es 261 Ortsgruppen und 22 Kreisverbände mit 24 000 Mitgliedern.

Zehn Jahre später, im Jahre 1959, zählte der Landesverband bereits 65 000 Mitglieder in 824 Ortsgruppen.

Nach wie vor stand die sozialrechtliche Betreuung der Mitglieder an erster Stelle der Arbeit. Insgesamt führte der VdK regelmäßig in 650 Städten und Gemeinden des Landesverbandsbereichs Sprech- und Beratungsstunden durch. Diese intensive Betreuungsarbeit an den Mitgliedern hat sich nicht nur in den ersten 25 Jahren des Bestehens als die beste Werbung erwiesen.

Das VdK-Präsidium sicherte dem jungen Landesverband volle Unterstützung zu. Das Foto zeigt den ersten Präsidenten des VdK Deutschland, Hans Nitsche, auf einer Großkundgebung in Delmenhorst am Rednerpult.

Was aber wäre eine intensive Betreuungsarbeit ohne den dafür notwendigen Rechtsschutz vor Behörden und Sozialgerichten. Zwangsläufig erforderte die Einrichtung und Unterhaltung von neun VdK-Rechtsschutzabteilungen und einer VdK-Landesrechtsabteilung erhebliche finanzielle Aufwendungen.

Des Weiteren wurden die Aufgabenbereiche erweitert und stärker der Personenkreis der behinderten Menschen in die Betreuung mit einbezogen. Ein entscheidender Schritt in diese Richtung war die Beteiligung des VdK-Landesverbands an dem Rehabilitationswerk des VdK-Deutschland. Die damals vollzogene Namensänderung – Wehrdienstopfer und Behinderte wurden 1970 in den Verbandsnamen aufgenommen – lässt erkennen, dass 25 Jahre nach der Gründung der Weg moderner Sozialpolitik eingeschlagen wurde.

1970 kam es in Groningen zu ersten Kontakten mit der Veteranen Legione Nederland (VLN). Dritter von links: Präsident Bernhard H. J. Doppen.

Wesentliche Fortschritte waren auch in der internationalen Zusammenarbeit mit Verbänden der Kriegsopfer und ehemaliger Kriegsteilnehmer anderer Länder zu verzeichnen. Neben den bereits geschlossenen Freundschaften der Orts- und Kreisverbände mit Frankreich, Luxemburg und Südtirol hat der Landesverband Kontakte zur holländischen „Veteranen Legione Nederland (VLN)“ weiter ausgebaut, so dass seitdem ein festes Band der Freundschaft zwischen dem VdK und der VLN bestand.

In der Sitzung am 17. Dezember 1970 beschloss der Landesverbandsvorstand die Beteiligung am neuen VdK Rehabilitationswerk.

Zu einem Höhepunkt in der Geschichte des VdK-Landesverbands Niedersachsen-Bremen wurde der 7. Landesverbandstag in der Zeit vom 12. bis 14. September 1974 in der Weser-Ems-Halle in Oldenburg. Dieser Verbandstag stand ganz im Zeichen des 25jährigen Jubiläums. Die 110 Delegierten aus den 53 Kreisverbänden hatten über 222 Anträge zur Sozialpolitik und zu Satzungs- und Organisationsfragen zu entscheiden. Die Ergebnisse der zweitägigen Beratungen fassten die Delegierten in einer Grundsatzerklärung zum Sozialprogramm zusammen. Einige dieser wichtigen Punkte, wie die Einführung der vorgezogenen Altersgrenze für Schwerbehinderte auf das 60. Lebensjahr, das Gesetz über die unentgeltliche Beförderung von

Der 7. VdK-Landesverbandstag stand im Zeichen des 25jährigen Jubiläums mit 4000 Teilnehmerinnen und Teilnehmern an der Abschlussveranstaltung am 14. September 1974 in der Weser-Ems-Halle in Oldenburg.

Schwerbehinderten im öffentlichen Personenverkehr, struktuelle Verbesserungen in der Kriegsopferversorgung und die Neuordnung der Kriegsopferfürsorgeverordnung, nur um einige Punkte zu nennen, wurden danach verwirklicht. Zur großen Abschlusskundgebung waren mehr als 4 000 Teilnehmerinnen und Teilnehmer in die Weser-Ems-Halle gekommen. Zu den prominentesten Gästen zählten allein fünf Minister. Unter ihnen der damalige Bundeswohnungsbauminister Karl Ravens, die damaligen niedersächsischen Minister Helmut Greulich (Soziales), Erich Küpker (Wirtschaft und Verkehr), Prof. Dr. Joist Grolle (Wissenschaft) und für den Senat der Freien Hansestadt Bremen der damalige Wohnungsbausenator Hans-Stefan Seifriz. Die niedersächsische CDU hatte ihren Landesvorsitzenden Wilfried Hasselmann nach Oldenburg entsandt. Es würde zu weit führen, wollte man an dieser Stelle sämtliche Ehrengäste nennen, die durch ihr Erscheinen ihre besondere Verbundenheit mit dem VdK ausdrückten.

In seinem Festvortrag machte der Präsident des VdK Deutschland, Staatssekretär a. D. Karl Weishäupl, den hohen Stellenwert, den die Sozialpolitik in Deutschland einnimmt, deutlich. Immerhin würden etwa 30 Prozent der öffentlichen Ausgaben beim Bund für soziale Leistungen ausgegeben werden. Der VdK-Präsident sagte wörtlich: *„Verantwor-*

Zum Höhepunkt in der bis dahin 30jährigen Geschichte des VdK-Landesverbands Niedersachsen-Bremen wurde die Ausrichtung des 8. Bundesverbandstags des VdK Deutschland vom 8. bis10. Juni 1978 in der Stadthalle in Bremen.

tung tragen heißt auch, dass die Forderungen, die der VdK erhebt, abgewogen sein müssen. Es heißt, dass die Grenzen des Gruppendenkens immer dort gezogen werden müssen, wo das Ganze auf dem Spiele steht. Das heißt aber auch, dass der VdK ein unbequemer Mahner des Staates und der Gesellschaft ist und bleiben wird, wenn es darum geht, eine gerechte soziale Ordnung zu schaffen und Unrecht zu beseitigen.“

Zweifelsohne hat der VdK-Landesverband Niedersachsen-Bremen immer in diesem Sinne gewirkt.

Eine Krönung der damaligen Geschichte des VdK Niedersachsen-Bremen war die Ausrichtung des 8. Ordentlichen Bundesverbandstags des VdK Deutschland vom 8. bis 10. Juni 1978 in der Stadthalle in Bremen. Alle verfügbaren Kräfte hatte der Landesverbandsvorstand schon ein ganzes Jahr zuvor mobilisiert, um diesem großen VdK-Bundeskongress mit seinen hochaktuellen Themen zum Erfolg zu verhelfen. 4 000 VdK-Mitglieder und Gäste nahmen an der Abschlussveranstaltung teil.

Es gab viele Stimmen im VdK Deutschland, die den 8. Bundesverbandstag in Bremen, gemessen an den Vorbereitungen, am Ablauf und vom Rahmen her, als den bis dahin eindrucksvollsten Verbandstag in der Geschichte der damals 1,2 Millionen Mitglieder

zählenden großen VdK-Gemeinschaft bewerteten.
Dreißig Jahre im Leben eines Volkes sind in historischer Sicht eine kleine Zeitspanne. Geschichtlich erhält sie nur dann Bedeutung, wenn sich in diesem Zeitabschnitt etwas besonders Großes ereignet. Für eine Organisation wie den VdK stellen 30 Jahre schon eine Generation dar, die einen Menschen mit Arbeit, Inhalten und Erfolg erfüllt.
„Unser Landesverband, der sich immer wieder den vielfältigen Aufgaben stellt und sie aus idealistischem Geist bewältigt, braucht keine Sorge zu haben, was aus ihm im Laufe der nächsten 30 Jahre wird. Wir werden nach dem gleichen Gesetz fortwirken, nach dem wir vor 30 Jahren angetreten sind, nämlich durch die Werke des Friedens dem Menschen zu dienen," hieß es in der Jubiläumsbroschüre zum 30jährigen Bestehen des VdK Niedersachen-Bremen.

VdK – Das soziale Gewissen

In den ersten 30 Jahren des Bestehens ist der VdK hierzulande bereits zu einem festen Begriff geworden. Dank des unermüdlichen Einsatzes aller ehrenamtlichen Mitarbeiterinnen und Mitarbeiter genießt der VdK-Landesverband Niedersachsen-Bremen bis heute sowohl in der Öffentlichkeit als auch bei den Behörden und staatlichen Organen beider Bundesländer ein hohes Ansehen. Aus dem gesellschaftspolitischen Leben der Gemeinden und Städte ist der VdK nicht mehr fortzudenken.
Schon lange vor der Konstituierung als Landesverband haben einzelne Ortsgruppen und Kreisverbände deutlich gemacht, dass der Weg zum persönlichen Glück des Einzelnen und zum Glück eines ganzen Volkes niemals am Nächsten vorbeiführen kann. In den Anfängen des VdK gab es nur Not und Elend. Die Gruppen und Kreise waren tagaus, tagein für die großen und kleinen Sorgen der angeschlagenen Menschen da.
Von Beginn an haben die Ortsgruppen und Kreisverbände mit ihrer tatkräftigen Hilfe wichtige Arbeit zum Wohle der Gesamtbevölkerung geleistet. So ist es bis auf den heutigen Tag geblieben. Heute wie damals weist der VdK-Landesverband Niedersachsen-Bremen immer wieder darauf hin, dass trotz aller Entwicklung zu höherem Lebensstandard und besserem Leben immer noch viele Menschen unverschuldet auf der Schattenseite des Lebens stehen. Als große Selbsthilfegemeinschaft aber auch als soziales Gewissen der Gesellschaft hat der VdK mit allem Nachdruck immer betont, dass auch die Nöte, Sorgen und Leiden der Witwen, der Kriegsbeschädigten, behinderten Menschen und Rentner mit in die Bemühungen unserer Gesellschaft nach mehr Lebensqualität einzubeziehen sind.
Die Erfahrung zeigt, dass die Menschen auf der Jagd nach mehr Lebensqualität stets die unbequemen Probleme zu verdrängen suchen, um unbeschwert und ohne Gewissensbisse zur Tagesordnung übergehen zu können. An dieser Haltung hat sich auch im sich später anbahnenden Wohlstandszeitalter nichts geändert. Viele sehen auch heute nur die eigenen Interessen, ohne sich um die Not des Nächsten zu kümmern. Für viele in unserer Gesellschaft ist der VdK zum unbequemen Mahner geworden. Er hat

Um Verbesserungen für die Kriegsopfer, behinderten Menschen und Sozialrentner zu erreichen, sind oftmals intensive Gespräche mit den Ressortministern in Niedersachsen und Bremen erforderlich.

Im Landtag in Hannover war der Niedersächsische Sozialminister Kurt Partsch der Gesprächspartner des VdK. Von links: Landesverbandsgeschäftsführer Karl Schenkendorf, Landesverbandsvorsitzender Paul Friedrich, seine Stellvertreterin Lotti Harms, Sozialminister Kurt Partsch und weitere VdK-Vertreter.

Vertreter des VdK-Landesverbandsvorstands führten mit dem Senator für Arbeit, Karl-Heinz Jantzen (Vierter von links) in Bremen Gespräche.

Zu einem lebhaften und ergiebigen Meinungsaustausch gestaltete sich die Begegnung einer Delegation des VdK-landesverbandsvorstands mit dem Niedersächsischen Ministerpräsidenten Dr. Ernst Albrecht (obere Reihe: Zweiter von rechts).

deutlich gemacht, dass die Schwachen nicht Mitleid und Almosen brauchen, sondern dass sie Anspruch auf die tatkräftige Unterstützung der Gemeinschaft haben.

Nicht schöne Reden und fromme Wünsche haben uns Fortentwicklung des sozialen Rechts gebracht, sondern der zielbewusste, zähe und tatkräftige Einsatz des VdK, der schon frühzeitig die Situation realistisch einzuschätzen wusste und die notwendigen Maßnahmen für soziale Verbesserungen einleitete.

Es gibt kein bedeutsames Sozialgesetz seit Gründung der Bundesrepublik Deutschland im Jahre 1949, an dem der VdK nicht mitgearbeitet hat. Von ganz entscheidender Bedeutung war zum Beispiel das Mitwirken bei der Schaffung des Bundesversorgungsgesetzes, seiner sechs Novellen und der fünf Anpassungsgesetze. Hinzu kam die Gestaltung des Schwerbeschädigtengesetzes, das danach zum neuen Schwerbehindertengesetz fortentwickelt wurde. Ebenfalls mitgewirkt hat der VdK an der Gestaltung der Kriegsopferfürsorge, der Reform der Sozialversicherung, der Schaffung des Bundessozialhilfegesetzes und an den gesetzlichen Grundlagen für eine moderne Rehabilitation.

Darüber hinaus hat der Landesverband seit Bestehen der Sozialgerichtsbarkeit vor den drei Instanzen der Sozialgerichte viele 100 Millionen DM und Euro für seine Mitglieder erstritten.

In diesem Zusammenhang ist es notwendig, darauf hinzuweisen, dass der VdK nicht nur an der Schaffung neuer und guter Gesetze mitwirkt, sondern es auch als seine besondere Pflicht ansieht, die daraus abzuleitenden Rechte für die Mitglieder voll auszuschöpfen.

Entscheidende Beiträge zur Sozialpolitik hat der VdK-Landesverband Niedersachsen-Bremen auch in den verschiedenen sozialen Gremien der Länder Niedersachsen und Bremen geleistet. In wesentlichen Punkten hat er

Ausführliche VdK-Gespräche über sozialpolitische Fragen wurden häufig mit dem Niedersächsischen Sozialminister Hermann Schnipkoweit (Mitte) geführt.

Ein ebenso aufschlussreicher Gesprächspartner war stets der Bremer Senator für Arbeit und Soziales, Bürgermeister Dr. Walter Franke (rechts), wenn der VdK seine Anliegen vortrug.

durch seine Mitarbeit dafür gesorgt, dass die Länderbestimmungen, wie zum Beispiel in der Sozialhilfe, der Kriegsopferfürsorge und des Versorgungsrechts fortschrittlich gehandhabt wurden.
VdK-Mitarbeiterinnen und Mitarbeiter, die in den verschiedenen Ausschüssen und Beiräten bei den Hauptfürsorgestellen, den Arbeitsämtern und den Versorgungsverwaltungen tätig waren, haben keine Gelegenheit ungenutzt gelassen, ihren Beitrag zur Fortentwicklung des sozialen Rechts auch auf der Landesebene zu leisten.
Es hätte in Niedersachsen und Bremen kein so fortschrittliches Sozialhilferecht gegeben, wenn nicht die Vertreterinnen und Vertreter des Landesverbands im Rahmen der Kriegsopferfürsorge und der Sozialhilfe immer wieder auf notwendige Verbesserungen hingewiesen hätten. Letzten Endes sind vorbildliche Sozialhilferegelsatzgestaltung und Erholungsfürsorgeleistungen mit auf den intensiven Einfluss des VdK-Landesverbands zurückzuführen.
Von Anfang an ist der VdK nicht immer ein bequemer Partner für die amtlichen Stellen gewesen, wenn es darum ging, Verbesserungen für die sozial Schwachen auch gegen die Vorstellungen staatlicher Instanzen durchzusetzen. In den meisten Fällen haben sich mit der Zeit die VdK-Vorstellungen jedoch als richtig erwiesen.
Auch für die Zukunft gilt für den VdK als Aufgabe und Auftrag in der modernen Gesellschaft, dass der Mensch im Mittelpunkt seiner Arbeit und Sorgen steht.
Seit 75 Jahren ist der VdK Niedersachsen-Bremen aktiv. Seitdem sind die Aufgaben keineswegs geringer geworden. Da die Sozialpolitik keinen Stillstand kennt, sondern sich stets in der Fortentwicklung befindet, wird der VdK auch weiterhin das Gewissen der Öffentlichkeit wach halten müssen, damit nicht die Not vieler Menschen durch Wohlstandsmentalität ins Abseits des Vergessens gerät.
Der VdK wird weiterhin das soziale Gewissen der Gesellschaft bleiben. Er wird im bisherigen Sinne fortwirken, indem er das bleibt, was er schon immer war und heute noch ist: die große Selbsthilfegemeinschaft des VdK, die aber auch von der Gesellschaft stets mutig, ehrlich, verantwortungsbewusst und mit Ausdauer soziale Gerechtigkeit fordern wird.

Von den Notverordnungen der Besatzungsmächte bis zu den Anpassungsgesetzen in der Kriegsopferversorgung 1947 bis 1973

Mit dem Ende des Zweiten Weltkriegs und der Zerschlagung des Deutschen Reichs waren neben den Verlusten an Gesundheit, Leben und Heimat für die Menschen eine Unmenge an Problemen entstanden. An ihre Lösung war in den ersten Monaten nach Kriegsende nicht zu denken. Mancher wird in den unseligen Tagen jener Zeit kaum zu hoffen gewagt haben, dass es doch einmal wieder bergauf gehen wird.
Für die Opfer der beiden Kriege schienen Gegenwart wie Zukunft hoffnungslos zu sein. Sie hatten Gesundheit und Leben für die Allgemeinheit geopfert. Sie mussten nun nach dem totalen „Zusammenbruch“ sehen, wie sie mit den Dingen fertig wurden.

Nach dem Zusammenbruch des Reichs zeigten sich auch im Westen des Landes die Sieger zunächst nicht gerade von ihrer besten Seite. Die Millionen Opfer beider Kriege bekamen die Anordnungen und Sonderbestimmungen sehr hart zu spüren. Im August 1945 wurden die Versorgungsämter geschlossen. Die bis dahin durch das Reichsversorgungsgesetz vorbildlich geregelte Versorgung der Kriegsopfer wurde eingestellt.

Nahezu zwei Jahre waren die Kriegsbeschädigten und Hinterbliebenen auf die öffentliche Fürsorge angewiesen. Wen nimmt es Wunder, dass gerade dieser Personenkreis sich dann auf sich selbst besann, sich zum VdK zusammenschloss, um gemeinsam sein Schicksal zu meistern.

Im März 1947 änderten die beiden westlichen Besatzungsmächte ihre Haltung. Sie gewährten erstmals den Kriegsopfern wieder eine eigene Versorgung. In der britischen Zone, und damit im Land Niedersachsen, wurde die Sozialversicherungsdirektive 27 (SVD 27) erlassen.

In der amerikanischen Besatzungszone, hierzu zählte damals das Bundesland Bremen, wurde zum gleichen Zeitpunkt das Körperbeschädigten-Leistungsgesetz (KBLG) geschaffen.

Beide Gesetze, die lediglich Notverordnungen darstellten, waren in ihrer ersten Fassung wieder ein Anfang – wenn auch ein recht bescheidener – für die Versorgung der vielen rentenberechtigten Kriegsopfer.

Diese Versorgung war oft genug die einzige Existenzgrundlage. Sie war knapp bemessen. Die Mindestrente eines erwerbsunfähigen Schwerbeschädigten betrug damals nur 40 RM und die eines 30 bis 40 Prozent Beschädigten 10 RM monatlich.

Die Kriegerwitwen und Kriegerwaisen erhielten, wenn überhaupt, eine Rente von 27,50 RM.

Die Angehörigen von Kriegsgefangenen und Vermissten hatten sogar erst ab Mitte 1950 einen Anspruch auf Versorgung nach den für die Kriegshinterbliebenen geltenden Grundsätzen.

In dieser Zeit tiefer Erniedrigung und bitterer Not, in der die deutschen Kriegsopfer praktisch nichts galten – ihre Versorgung hatte nur den Wert einiger auf dem Schwarzmarkt erhandelter amerikanischer Zigaretten – entstanden der VdK und seine Vorläuferorganisationen als eine Schicksalsgemeinschaft und als Hort bewährter, praktischer Kameradschaft.

Die entscheidende Wende

Der erbitterte Kampf des in der Bundesrepublik immer stärker werdenden VdK für eine Verbesserung dieser unzureichenden Leistungen hatte schließlich Erfolg.

Mit Wirkung vom 1. April 1950 wurden die Kriegsbeschädigten-Abteilungen bei den Landesversicherungsanstalten in Versorgungsämter umgewandelt. In Hannover und Bremen wurden wieder Landesversorgungsämter eingerichtet.

Am 19. Oktober 1950 nahm der Deutsche Bundestag das ihm vorgelegte Gesetz über die Versorgung der Opfer des Krieges (BVG) an, das dann rückwirkend ab 1. Oktober 1950 in Kraft trat.

Mit diesem neuen Bundesversorgungsgesetz wurden die Notverordnungen der Besatzungsmächte aufgehoben und für die weit über vier Millionen Kriegsopfer wurde ein in der Bundesrepublik einheitliches Gesetz geschaffen.

Ohne Zweifel war dieser Anfang bedeutungsvoll. Nach einem totalen Krieg, einem totalen Zusammenbruch, ist damit knapp

VdK-Mitglied: Helmut Bazille (links) MdB.

fünf Jahre nach der letzten Bombenexplosion des Zweiten Weltkriegs erstmals wieder eine geregelte Versorgung für die Kriegsopfer geschaffen worden. Die Grundrente betrug ab 1. Oktober 1950 bei einer Minderung der Er-

VdK-Mitglied: Dr. Maria Probst, Vizepräsidentin des Deutschen Bundestags.

werbsfähigkeit von 30 Prozent jedoch nur monatlich 15 DM und stieg bei Erwerbsunfähigkeit auf 75 DM.

Die Witwen erhielten eine Grundrente von 20 DM, höchstens 40 DM. Erwerbsfähige Kriegerwitwen unter 40 Jahren und ohne waisenberechtigtes Kind hatten überhaupt keinen Anspruch.

Die Halbwaisen bezogen 10 DM und die Vollwaisen 15 DM Grundrente. Das war wenig genug, aber es war ein Anfang.

Zweifellos waren in diesem „Gesetz des guten Willens“, wie das BVG genannt wurde, noch viele berechtigte Wünsche unberücksichtigt geblieben. Es war daher selbstverständlich, dass sich der VdK intensiv um den ständigen Ausbau des Gesetzes bemühte.

Mit der fortschreitenden wirtschaftlichen Entwicklung in der Bundesrepublik wurde es notwendig, auch die Leistungen nach dem BVG anzuheben. Im Laufe der Zeit konnte die Ergänzung und ständige Verbesserung des Versorgungsrechts durch sechs Novellen erreicht werden.

Mit der Neuordnung der Sozialversicherung im Jahre 1957, die u. a. die dynamische Rentenanpassung zum Inhalt hatte, wurden im sozialen Bereich neue Akzente gesetzt. Dabei mussten die Kriegsopfer wiederum erfahren, dass sie noch immer die „Stiefkinder der Nation“ waren. Ihre Versorgungsleistungen standen trotz der verschiedenen Novellen des Bundesversorgungsgesetzes in keinem Verhältnis mehr zu den wachsenden Sozialrenten und zur wirtschaftlichen Entwicklung. Sie waren von der Rentendynamisierung ausgeschlossen worden.

Der VdK hatte schon in seiner „Blauen Denkschrift“ vom Januar 1958 auch für die Kriegsopfer die laufende Anpassung gefordert, wie sie in der Sozialversicherung seit 1957 praktiziert wurde. Der VdK hat dazu wörtlich erklärt:

„Wie in den Rentenversicherungsneuregelungsgesetzen und in der gesetzlichen Unfallversicherung ergibt sich auch in der Kriegsopferversorgung die Notwendigkeit, eine Gleitklausel einzuführen, um eine laufende Anpassung der Geldleistungen des BVG an die wirtschaftlichen Verhältnisse zu gewährleisten.“

Dieses Ziel hat der VdK Deutschland zielstre-

Die Delegation des VdK-Landesverbands Niedersachsen-Bremen auf dem außerordentlichen Verbandstag des VdK Deutschland in Koblenz.

big und zäh verfolgt. Zur Erreichung dieses Ziels hat der VdK-Landesverband Niedersachsen-Bremen wesentlich beigetragen.
Zahlreiche Großkundgebungen wurden innerhalb des Landesverbands durchgeführt, auf denen in den Jahren 1958 und 1959 die beiden damaligen Bundestagsabgeordneten Dr. Maria Probst und Helmut Bazille – beide VdK-Mitglied – in vielen überfüllten Veranstaltungen sprachen.
Der auf Bundesebene zum ersten Mal vom VdK Deutschland einberufene „Deutsche Kriegsopferkongress" unterstrich die Notwendigkeit einer gerechten Versorgung der deutschen Kriegsopfer.
Mit dem 1. Neuordnungsgesetz vom 27. Juni 1960 gelang es schließlich, von den bisherigen Notlösungen abzurücken, eine neue Basis für eine gerechtere Versorgung der Kriegsopfer zu schaffen. Die Vollrente eines erwerbsunfähigen Schwerkriegsbeschädigten (Grund- und Ausgleichsrente) wurde auf 400 DM angehoben. Sie entsprach damit erstmals der allgemeinen Bemessungsgrundlage in der Sozialversicherung für das Jahr 1959.
Die Leistungen für die Kriegsopfer wurden im Gegensatz zu den Sozialrenten aber auch durch dieses Gesetz nicht laufend angepasst. In der Tat, Bundestag und Bundesregierung hätten damals eine bessere Lösung finden sollen.
Da man die Einführung einer Gleitklausel unterlassen hatte, entwickelte sich schon im Jahre 1961 wieder der Abstand zwischen Kriegsopferleistungen und Sozialrenten, der sich dann von Jahr zu Jahr stetig noch vergrößerte. Die Kriegsopfer waren wieder gezwungen, den Staat an seine Pflichten zu erinnern.
Der 4. Ordentliche Verbandstag des VdK Deutschland vom 24. bis 26. Mai 1962 in Berlin glich einem Appell an Staat und Gesellschaft, nun endlich gleiches Recht für die Kriegsopfer gelten zu lassen.
Der damalige Bundesarbeitsminister Theodor Blank ließ auf dem Verbandstag jedoch erkennen, dass die Bundesregierung überhaupt keine klare Konzeption für die Fortentwicklung des Kriegsopferrechts hatte.
Kritische Stimmen warfen der Bundesregierung vor, zuviel Geld zum Beispiel in außenpolitische Projekte zu investieren, das dann der Sozialpolitik, insbesondere bei der Versorgung der Kriegsopfer fehlten.
Die Kritik an der unzulänglichen Kriegsopferversorgung verstärkte sich. Auf dem 2. Kriegsopferkongress des VdK Deutschland am 17. Oktober 1962 in der Bonner Beethovenhalle wurde erneut die Forderung nach Verabschiedung eines 2. Neuordnungsgesetzes zum 1. Januar 1963 laut.

1963, ein Jahr des zähen Ringens

Das Jahr 1963 war von harten Auseinandersetzungen des VdK Deutschland mit der Bundesregierung und den Koalitionsparteien gekennzeichnet.

Wer regierte 1963?

Bundeskanzler Adenauer trat am 15. Oktober 1963 zurück, womit eine Absprache mit dem Koalitionspartner FDP eingelöst wurde. Obwohl er Erhard als seinen Nachfolger abgelehnt haben soll, wurde dieser einen Tag später zum Bundeskanzler gewählt.
Das Kabinett Adenauer war eine Koalition von CDU-CSU und FDP, ebenso das Kabinett Erhard.

Lächelnde Mienen – bitterer Augenblick: Konrad Adenauer (rechts), von seiner Partei aus dem Amt gedrängt, im Gespräch mit seinem Nachfolger Bundeskanzler Ludwig Erhard.

Die Opposition im Deutschen Bundestag, aber auch die der CDU/CSU-Fraktion angehörende Dr. Maria Probst mit 77 Abgeordneten ihrer Fraktion bewiesen als „Rebellen" Zivilcourage, Mut und Entschlossenheit. Sie traten gegen die Regierung für die Kriegsopfer ein.
Darüber hinaus sprach Dr. Maria Probst als Mitglied des Hauptvorstandes des VdK Deutschland auf zahlreichen Kundgebungen. So kam sie im September 1963 nach Bremen und später in der Wesermarsch.
In dieser Zeit eines zähen Kampfes um eine Neuordnung des Versorgungsrechts errang diese Frau hohes Ansehen bei den Kriegsopfern. Als „Maria Hilf" wurde sie weit über die Grenzen ihres Wirkens hinaus bekannt.
Die Versammlungswelle des Protests rollte weiter durch Niedersachsen und Bremen. Von der Nordsee bis zur niedersächsisch-hessischen Zonengrenze, von Braunschweig bis zur Grafschaft Bentheim fanden überall machtvolle Großkundgebungen des VdK statt. In Hannover, Westerstede und Bentheim forderte VdK-Hauptgeschäftsführer Lothar Franke vom Deutschen Bundestag die Verabschiedung des 2. Neuordnungsgesetzes. Darüber hinaus wurden die VdK-Forderungen vom Referententeam des Landesverbands auf zahllosen Veranstaltungen unterstützt.
Die Auseinandersetzungen zwischen der Bundesregierung und dem VdK spitzten sich weiter zu. Im Herbst 1963 schlug der neu gewählte Kanzler Ludwig Erhard alle berechtigten Forderungen der deutschen Kriegsopfer in den Wind. Er ließ es auf eine Kraftprobe ankommen. Der „Marsch auf Bonn" war darauf die Reaktion. Eine machtvolle Demonstration von 35 000 Kriegsopfern, die aus allen Teile der Bundesrepublik kamen.
Der VdK-Landesverband Niedersachsen-

Bremen hatte ebenfalls mehrere Tausend Demonstranten in die Bundeshauptstadt entsandt. Bei klirrender Kälte wurde der Regierung Erhard deutlich gemacht, dass das Opfer der Kriegsbeschädigten nicht als „Stufenplan“ erbracht werden könnte. Der Regierungschef wurde aufgefordert, dem Unrecht endlich Einhalt zu gebieten.

Zum Jahreswechsel schrieb der damalige VdK-Landesvorsitzende Georg Niemeyer in der Verbands-Zeitung „Niedersachsen-Fackel“:

„Noch niemals in der Geschichte der Kriegsopferversorgung ist das Ringen um die gerechten Forderungen so hart und dramatisch gewesen wie in diesem zu Ende gegangenen Jahr. Wenn die Glocken das Jahr 1964 einläuten, blicken unsere Kameradinnen und Kameraden wieder mit Sorge und banger Hoffnung auf die kommenden Ereignisse.“

Zweites Neuordnungsgesetz erkämpft

Die im Dezember 1963 von den deutschen Kriegsopfern mit ihrem „Marsch auf Bonn“ eingeläutete Ouvertüre zur Regierungspolitik von Ludwig Erhard hatte Erfolg. Der neue Mann im Kanzleramt schien seinen Irrtum einzusehen und gab schließlich grünes Licht für die Verabschiedung des 2. Neuordnungsgesetzes.

Das 2. Neuordnungsgesetz räumte den Kriegsopfern zwar weitere Leistungsverbesserungen ein, doch war der entscheidende Schritt, die Einführung einer so genannten Gleitklausel in das Bundesversorgungsgesetz unterblieben.

Doch nichts ist geregelt, was nicht gerecht geregelt wurde. Die Sozialrenten liefen wieder den Leistungen in der Kriegsopferversorgung davon.

Aufgrund dieser Entwicklung beschloss der Sozialpolitische Ausschuss des VdK-Landesverbands Niedersachsen-Bremen in seiner Sitzung am 9. Mai 1964 in Bremen, auf eine jährliche Anpassung der Renten nach dem BVG hinzuwirken. Mit einer solchen Regelung sollte die Anpassung der Renten nach dem BVG in ihrer Höhe an den Durchschnitt der Renten aus der Sozialversicherung erreicht werden.

Gleichzeitig sollte durch die Anpassung erreicht werden, dass das Verhältnis der Grundrenten zu den Ausgleichsrenten und der Beschädigtenrenten zu den Hinterbliebenenrenten richtig gestellt wird.

Der Sozialpolitische Ausschuss des VdK Deutschland griff diesen Beschluss des VdK Niedersachsen-Bremen auf. Hauptvorstand und Verbandsausschuss befassten sich eingehend damit. Sie legten der Regierung und dem Parlament eine entsprechende Entschließung vor.

Im Jahre 1965 versprach Bundesarbeitsminister Theodor Blank, auf mehrfaches Drängen des VdK Deutschland, eine Anpassungsklausel in das BVG einzubauen. Deren Inkrafttreten war zum 1. Januar 1966 vorgesehen. Die Leistungen des Bundesversorgungsgesetzes sollten ähnlich wie in der Sozialversicherung im regelmäßigen Abstand von zwei Jahren der wirtschaftlichen Entwicklung angepasst werden.

Nachdem sich im Herbst 1965 der 5. Deutsche Bundestag konstituiert hatte, hielt die Regierung Erhard ihr Versprechen nicht. Das führte zwangsläufig zu empörten Protesten der Kriegsopfer im Jahre 1966.

Zahlreiche Gespräche und Verhandlungen, auch mit den in Niedersachsen und Bremen beheimateten Bundestagsabgeordneten, wurden geführt.
Nachdem sich jedoch auf Bundesebene keinerlei konkrete Ergebnisse abzeichneten und die Bundesregierung keine Anstalten traf, das Blatt zu Gunsten der Kriegsopfer zu wenden, wurde schließlich vom VdK Deutschland am 9. November 1966 der „Deutsche Kriegsopferkongress“ in die Beethovenhalle nach Bonn einberufen. Nochmals wurde den verantwortlichen politischen Mandatsträgern vor Augen geführt, dass eine gerechte Versorgung der Kriegsopfer nicht am „Gesetz der großen Zahl“ scheitern dürfe.
Zu einem Zeitpunkt, als sich die Bildung einer Regierung der „Großen Koalition“ anbahnte, gaben dann die Parteien dem VdK erneut ihr Wort.
Noch vor Weihnachten 1966 wurde das 3. Neuordnungsgesetz endlich mit einem Jahr Verspätung verabschiedet.

Die sich rasch verschärfende wirtschaftliche Rezession mit hohem Haushaltsdefizit und schnell ansteigenden Arbeitslosenzahlen auf der einen Seite, die Sorgen um das Anwachsen des Rechtsradikalismus andererseits waren die wesentlichen Motive für den Entschluss der Politiker in beiden großen Parteien, miteinander Gespräche über eine zu bildende Große Koalition zu führen. Sie sollte in erster Linie dazu dienen, die verhärteten gegensätzlichen Positionen der Parteien aufzulösen.
Am 1. Dezember 1966 wählte der Bundestag den bisherigen Ministerpräsidenten von Baden-Württemberg, Kurt Georg Kiesinger, zum Bundeskanzler, der noch am selben Tag sein Kabinett der Großen Koalition aus CDU/CSU und SPD vorstellte. Stellvertreter des Kanzlers und Außenminister wurde der Vorsitzende der SPD und bisherige Regierende Bürgermeister von Berlin, Willy Brandt.

Angriff auf die Grundrenten

In der Tat, die Dinge liefen anfangs nicht schlecht, denn der neu in das Bundesversorgungsgesetz hinein genommene Paragraf 56 sollte die Bundesregierung jetzt verpflichten, „... in zweijährigem Abstand, erstmals im Jahre 1969, den gesetzgebenden Körperschaften des Bundes zu berichten, inwieweit es unter Berücksichtigung der Entwicklung der wirtschaftliche Leistungsfähigkeit und des realen Wachstums der Volkswirtschaft möglich ist, die Leistungen dieses Gesetzes zu ändern.“
Doch schon sehr bald zeigte sich, dass man wieder einmal die Kriegsopfer zu „Prügelknaben der Nation“ machen wollte.
Im Bundeshaushalt 1967 war ein erhebliches Defizit entstanden. Die neue Bundesregierung plante die Durchführung eines neuen Sparprogramms. Lückenbüßer sollten die Kriegsbeschädigten sein. Die Grundrenten der zu 30 und 40 Prozent Beschädigten sollten nach dem Plan der Bundesregierung restlos gestrichen werden. Die Bundesregierung meinte, diese Renten seien reine „Bagatellfälle“.
Die geplanten Maßnahmen führten zu einem

Proteststurm seitens des VdK. Erst nach heftigen Protesten und Debatten ließ die Bundesregierung am 19. Januar 1967 endlich von diesem unwürdigen Vorhaben ab. Schon kurze Zeit später kam es zu neuen Auseinandersetzungen. Im Rahmen einer „mittelfristigen Finanzplanung" wurde die Absicht erwogen, Versorgungsberechtigte, „die über recht erhebliche Einkommen aus Berufstätigkeit und Vermögen verfügen", zu einem zeitlich begrenzten Verzicht auf die Grundrente zugunsten des Staatshaushaltes zu zwingen.

Die führenden Köpfe der großen Koalition: Bundeskanzler Kurt Georg Kiesinger (links) und Vizekanzler Willy Brandt.

Aufgrund massiver Aktionen des VdK gelang es, diesen Angriff abzuwehren. Dabei hatte auch der Landesverband Niedersachsen-Bremen alle Möglichkeiten genutzt, über die in seinem Bereich beheimateten Bundestagsabgeordneten und über die beiden Landesregierungen die Bundesregierung zu ei-

Die neue Bundesregierung am 1. Dezember 1966.

ner Abkehr von diesem Vorhaben zu bewegen. Die Regierung der „Großen Koalition“ sollte den Kriegsopfern jedoch auch in Zukunft noch viel zu schaffen machen.
Der § 56 BVG wurde außer Kraft gesetzt bzw. der Termin verschoben. Damit war es wieder ungewiss, ob die seinerzeit gesetzlich verankerte Anpassung tatsächlich termingerecht durchgeführt würde. Als eine der stärksten Kampfmaßnahmen führte der VdK daher am 11. Dezember den „Deutschen Kriegsopferkongress 1968“ in der Stadthalle zu Bad Godesberg durch. Der Deutsche Bundestag wurde aufgerufen, nun endlich und zwar noch im Jahre 1969 eine durchgreifende Verbesserung der Kriegsopferversorgung vorzunehmen.

Verzögerung durch die Große Koalition

In dem anschließenden Gespräch zwischen dem VdK und dem Bundeskanzler am 4. Februar 1969 im Palais Schaumburg wurden die Weichen gestellt für eine „fühlbare“ Verbesserung der Kriegsopferleistungen gemäß § 56 des Bundesversorgungsgesetzes mit Wirkung ab 1. Januar 1970.
Wer den Kampf der deutschen Kriegsopfer aufmerksam verfolgt hat, kann sich des Eindrucks nicht erwehren, dass die Politik doch manchen Charakter verdirbt. Wie sonst soll man das unwürdige Spiel, das Bonner Politiker mit den Kriegsopfern in jenen Tagen trieben, noch verstehen, die einmal „hü“ und einmal „hot“ sagten. Der Außerordentliche Verbandstag des VdK Deutschland am 12. Juni 1969 in Bonn hat die Politiker wenige Wochen vor Ende der 5. Legislaturperiode unmissverständlich nochmals an ihr den Kriegsopfern gegebenes Wort erinnert.
Trotz feierlicher Erklärungen der maßgebenden Minister und Bundestagsabgeordneten entzogen sich die Politiker ihrer Verantwortung. Sie unterließen es, dem 6. Deutschen Bundestag ein 1. Anpassungsgesetz in der Kriegsopferversorgung vorzulegen und in die Tat umzusetzen.

Erstes Anpassungsgesetz in Sicht

In seiner Regierungserklärung vom 28. Oktober 1969 vor dem Deutschen Bundestag bestätigte der neu gewählte Bundeskanzler Brandt das Versprechen der alten Bundesregierung, die Kriegsopferrenten ab 1. Januar 1970 zu erhöhen. Der Kanzler sagte wörtlich:
„Vom 1. Januar 1970 an werden die Kriegsopferrenten erhöht. Sie werden jährlich an die wirtschaftliche Entwicklung angepasst. Auch strukturelle Verbesserungen sind vorgesehen.“
Damit hatte nun endlich der zuständige Bundesarbeitsminister grünes Licht für die Vorlage eines 1. Anpassungsgesetzes erhalten.

Die Proportionen stimmen nicht

Dies war sicher ein entscheidender Schritt. Da aber auch bei diesem 1. Anpassungsgesetz wieder fiskalische Überlegungen Pate standen, war erneut eine schwache Stelle eingebaut worden, die eines Tages unweigerlich zum Bruch führen musste.
Anstatt die Renten der Kriegs- und Wehr-

dienstbeschädigten, Kriegswaisen und Kriegereltern um mindestens 20 Prozent zu erhöhen, erfolgte die Anpassung nur um 16 Prozent. Damit war eine zu niedrige Ausgangsbasis für alle künftigen Anpassungen geschaffen worden.

Was seinerzeit mit der Verabschiedung des 1. Neuordnungsgesetzes im Jahre 1960 wenigstens für kurze Zeit erreicht wurde, nämlich dass die Vollrente eines erwerbsunfähigen Schwerkriegsbeschädigten mit der allgemeinen Bemessungsgrundlage in der Sozialversicherung übereinstimmte, wurde mit dem 1. Anpassungsgesetz im Jahre 1970 nicht bewirkt.

Obwohl bereits erhebliche Teuerungsraten zu verzeichnen waren, lag die Kriegsopferversorgung trotz der zum 1. Januar 1970 eingeführten Anpassungsregelung schon um mehr als 200 DM unter der allgemeinen Bemessungsgrundlage in der Sozialversicherung und damit am untersten Ende der Leistungsskala.

Gleichbehandlung notwendig

Mit der Verabschiedung der Rentenreform 1972, die u. a. eine vorgezogene Anpassung der Sozialrenten zum 1. Juli 1972 zum Inhalt hatte, verschoben sich die Akzente noch weiter zum Nachteil der Kriegsopfer.

Starke Abordnungen des VdK Niedersachsen-Bremen waren stets auf den Deutschen Kriegsopferkongressen vertreten, wenn es darum ging, eine bessere Versorgung zu erkämpfen.

Am 21. und 22. September 1972 verabschiedete daher das VdK-Präsidium in Bremen ein „aktuelles Schwerpunktprogramm“. Darin wurde der neue Bundestag aufgefordert, die Kriegsopferversorgung nach demselben Maßstab wie die Sozialrenten anzupassen.

Um den Forderungen des VdK-Präsidiums Nachdruck zu verleihen, wurde auch der VdK-Landesverband Niedersachsen-Bremen, wie so oft in seiner Geschichte, aktiv tätig. Allen Kandidaten für den 9. Deutschen Bundestag wurden die Vorstellungen des VdK Niedersachsen-Bremen in Form eines „Sozialpolitischen Schwerpunktprogramms“ unterbreitet.

Unabhängig von diesen Bemühungen bestanden ununterbrochen Kontakte zu den Regierungen in Hannover und Bremen, um eine vorgezogene Anpassung der Kriegsopferrenten auf den 1. Juli 1973 über den Bundestag zu erreichen.

Bundesregierung besiegelt Unrecht

Da der von der Bundesregierung verabschiedete Gesetzentwurf für ein 5. Anpassungsgesetz, der nach Beendigung der parlamentarischen Sommerpause Mitte September 1973 zur Beratung anstand, zunächst keinen Vorschlag für eine wert- und zeitgleiche Anpassung der Kriegsop-

Rund 1000 Mitglieder aus dem VdK-Landesverband Niedersachsen-Bremen beteiligten sich am 2. Oktober 1973 an der Massendemonstration in Bonn.

Auch eine VdK-Abordnung aus Braunschweig beteiligte sich an der Massendemonstration 1973 auf dem Bonner Marktplatz.

ferrenten im Verhältnis zu den Renten aus der gesetzlichen Rentenversicherung enthielt, führte der VdK-Landesverband Niedersachsen-Bremen am 3. Juli 1973 mit dem Senator für Arbeit, Karl-Heinz Jantzen, und am 5. Juli 1973 mit dem Niedersächsischen Sozialminister Kurt Partzsch entsprechende Gespräche. Beide Ressortminister ersuchte der VdK, in der Bundesratssitzung am 6. Juli 1973 den Kompromissvorschlag des Landes Hessen zu unterstützen, der eine Anpassung der Kriegsopferrenten für den 1. Oktober 1973 vorsah.

Nachdem auf Bundesebene die Führung des VdK im Sommer 1973 jeden denkbaren Verhandlungsspielraum bis hinauf zum Bundeskanzler ausgeschöpft hatte und die Regierung sogar die Einwände des Bundesrates zurückwies, rief der VdK Deutschland für den 2. Oktober 1973 zum „Marsch auf Bonn“ auf.

Die eindrucksvolle Massendemonstration, zu der 30 000 Teilnehmer aus allen Bundesländern u. a. mit 452 Omnibussen, zwei Sonderzügen und zwei Rheinschiffen angereist waren, hat nicht nur in Presse, Funk und Fernsehen ein außergewöhnlich lebhaftes Echo gefunden; sie wurde auch im Ausland stark beachtet. An die-

ser Massendemonstration der Kriegsopfer nahmen auch starke Abordnungen des VdK-Landesverbands Niedersachsen-Bremen teil, wie schon zuvor an dem am 8. Mai 1973 durchgeführten „Deutschen Kriegsopferkongress“.
Unabhängig hiervon hatte der VdK-Landesverband Niedersachsen-Bremen im Rahmen einer Versammlungswelle auf zahlreichen Kundgebungen vorher schon von der Bundesregierung gefordert, Stabilitätsbemühungen nicht auf dem Rücken der deutschen Kriegs- und Wehrdienstopfer auszutragen. Andere Kriegsopferverbände erklärten sich mit der vom VdK aufgestellten Forderung – unverzügliche Ankoppelung der Kriegsopferrenten an die vorgezogene Anpassung der Sozialrenten – solidarisch.

Erfolg der VdK-Demonstration in Bonn

Unter dem Eindruck der Demonstration der rund 30 000 VdK-Mitglieder vom 2. Oktober 1973 auf dem Bonner Marktplatz nahm der Deutsche Bundestag den Stufenplan schließlich doch noch in das 5. Anpassungsgesetz auf. Allein der konsequenten Haltung des VdK ist es zu verdanken, dass Bundesregierung und Bundestag der Vorziehung der Anpassung der Kriegsopferrenten auf den 1. Oktober 1974 und danach am 1. Juli eines jeden Jahres zugestimmt haben und damit weiteres Unrecht von den Kriegsopfern abgewehrt werden konnte.

Weitere Korrekturen notwendig

Der Weg von den Notverordnungen der Besatzungsmächte bis hin zum 6. Anpassungsgesetz war mühevoll, steinig und lang. Die Weiterentwicklung der Kriegsopferversorgung stand aber weiter auf der Tagesordnung.
Hierzu gehörte u. a. die noch immer nicht erreichte Heranführung der Vollrente der 100 Prozent Beschädigten an die allgemeine Bemessungsgrundlage der Sozialversicherung sowie eine bessere Relation der Grundrenten untereinander.
Der VdK-Landesverband Niedersachsen-Bremen kämpfte weiter dafür, dass der Versorgungsanspruch der Kriegs- und Wehrdienstopfer aufgrund des der Allgemeinheit dargebrachten Sonderopfers an Leib und Leben als moralisch wie rechtlich begründeter Anspruch erhalten bleibt.

VdK für moderne Sozialversicherung

Schon seit den ersten Tagen ihres Bestehens haben die Vorläuferorganisationen des VdK-Landesverbands Niedersachsen-Bremen ihre Arbeit nicht auf die Probleme der Kriegsopferversorgung beschränkt. Sie haben sich von Anfang an auch den Anliegen der Sozialrentner gewidmet. Schon aufgrund der Wechselbeziehungen zwischen Kriegsopferversorgung und Sozialversicherung hat sich der VdK für die Fortentwicklung einer modernen Sozialversicherung stets eingesetzt.
Die Sozialversicherung, ausgehend von der Reichsversicherungsordnung, ist das Ergebnis

einer 80-jährigen Entwicklung, die im Laufe der Jahrzehnte vielfältige und tiefgreifende Änderungen erfahren hat.
Die Sozialversicherung will nicht mehr nur vor Not schützen, sondern gleichzeitig dem Versicherten und seinen Hinterbliebenen die erworbene Stellung im Sozialgefüge erhalten. Dabei liegt das Schwergewicht der sozialen Sicherung des Einzelnen nach wie vor in der Rentenleistung.
Das Deutsche Sozialversicherungsrecht hat in der Vergangenheit eine Fortentwicklung erfahren, die in vielen Ländern als Beispiel dienen kann.

Neubeginn in der Sozialversicherung

Mit dem Kriegsende war auch auf diesem sozialen Sektor ein Neubeginn notwendig, weil sogar die Renten in der Sozialversicherung, für die die Versicherten ihre Pflichtbeiträge entrichtet hatten, nicht mehr zur Bestreitung des Lebensunterhalts ausreichten. Auf Drängen des VdK und seiner Vorläuferorganisationen wurden zunächst Mindestrenten eingeführt.
Der erste Bundestag (1949-1953) leitete von den durch den Krieg und die Kriegsfolgen entstandenen Zuständen zu einer einigermaßen normalen Lebensordnung über.
Der zweite Bundestag (1953-1957) zeichnete sich durch die grundlegende Neuregelung der Rentenversicherung mit dem Ziel einer sozialen Sicherheit der Rentner aus.
Auch der dritte (1957-1961) und vierte Bundestag (1961-1965) haben wichtige Gesetze zur Weiterverbesserung in der Sozialversicherung und der gesetzlichen Unfallversicherung verabschiedet.
Der fünfte (1965-1969) und sechste Bundestag (1969-1972) schufen mit der Konsolidierung der Rentenversicherung, der vorgezogenen Anpassung und anderer wichtiger Gesetze einen gewissen Abschluss in der sozialpolitischen Nachkriegsentwicklung.

VdK an der Neugestaltung maßgeblich beteiligt

Ohne Übertreibung kann der VdK das Verdienst für sich in Anspruch nehmen, an der Neugestaltung und Fortentwicklung des Sozialversicherungsrechts bereits zu einem Zeitpunkt mitgewirkt zu haben, als es auch den Sozialrentnern noch sehr schlecht ging.
Der VdK hat sowohl auf Bundes- als auch auf Landesebene dahin gewirkt, dass mit der Rentenreform 1957 auch gezielte Strukturverbesserungen vorgenommen wurden.
Als herausragender Erfolg der Bemühungen des VdK darf die dynamische Anpassung der Sozialversicherungsrenten an die wirtschaftliche Entwicklung genannt sein. Durch die Rentenanpassung an die veränderte Bemessungsgrundlage wurden die Renten seit 1959 massiv erhöht.
Mit Erfolg setzte sich der VdK ebenfalls für die Streichung des zweiprozentigen Krankenversicherungsbeitrages ein, der den rund 10 Millionen Sozialrentnern seinerzeit als Folge der Rezessionsjahre 1966/67 auferlegt worden war.

Als am 31. August 1970 die Bundesregierung dem Deutschen Bundestag einen „Bericht zur Frage der Rentenversicherung“ vorlegte, enthielt dieser 150 Änderungsvorschläge, die größtenteils mit auf die Initiativen des VdK zurückzuführen sind.
Anderen wesentlichen Forderungen des VdK wurde durch nachstehende Gesetze zum Teil entsprochen:

Lohnfortzahlungsgesetz vom 27. Juli 1969,

Gesetz zur Weiterentwicklung des Rechts der gesetzlichen Krankenversicherung vom 21. Dezember 1970,

Gesetz über die Unfallversicherung für Schüler, Studenten sowie Kindergärten, das am 1. April 1971 in Kraft trat.

Der Streit um die 15. Rentenanpassung und um das von der sozialliberalen Koalition eingebrachte Reformpaket im Frühjahr 1972 brachte die Sozialversicherung in den Brennpunkt politischer Auseinandersetzungen.

Die sozial-liberale Koalition wollte anstelle eines vorgezogenen Anpassungstermins einen einheitlichen Sockelbetrag für alle Sozialrenten in Höhe von monatlich 20 DM rückwirkend vom 1. Juli 1972 an einführen.

Der VdK hatte rechtzeitig darauf hingewiesen, dass die Einführung des monatlichen Sockelbetrages von 20 DM systemwidrig sei, weil hierdurch die Berechnungsgrundlagen der gesetzlichen Rentenversicherung verfälscht würden.

Die Mehrheit des Bundestages entschied sich schließlich am 22. September 1972 für den vorgezogenen Anpassungstermin auf den 1. Juli und folgte damit den Vorstellungen des VdK.
Ohne Zutun des VdK wäre mit der Rentenreform 1972 auch wohl kaum eine besondere Altersgrenze für Schwerbeschädigte eingeführt worden, die inzwischen auch für die Schwerbehinderten gültig geworden ist: Die entscheidenden Weichen hierfür wurden am 25. April 1972 auf der VdK-Bundeskonferenz für Unfall- und Sozialversicherungsrecht gestellt.
Obgleich die 2. Rentenreform viele Verbesserungen gebracht hatte, blieben doch manche Vorstellungen des VdK noch zu verwirklichen. Da wäre zunächst die notwendige Aktualisierung der allgemeinen Bemessungsgrundlage zu nennen. Ferner hielt der VdK an seiner alten Forderung fest, dass die Ersatzzeit des Kriegs- und Wehrdienstes, der Kriegsgefangenschaft und der Lazarettzeiten nach Beendigung des Krieges besser bewertet werden müssen, um hier nur zwei wichtige Dinge anzuführen.
Der VdK wollte auch weiterhin die entscheidende Kraft bei der Fortentwicklung des Sozialversicherungsrechts sein.

Entscheidende Schritte für eine besondere Altersgrenze für Schwerbeschädigte in der Sozialversicherung wurden auf der VdK-Bundeskonferenz für Unfall- und Sozialversicherungsrecht eingeleitet.

Die Hinterbliebenen im VdK

„Am Anfang aller Tapferkeit steht die innere Kraft der Seele, sein eigenes, ganz persönliches Schicksal anzunehmen, ohne Gott und die Welt anzuklagen, weil alles so anders kam.“

Von Tapferkeit kann man wohl in besonderer Weise bei jenen Millionen Frauen sprechen, die sich einst ein Leben an der Seite ihres Mannes und im Kreise einer Familie vorgestellt hatten, durch einen grausamen Krieg aber gleichsam über Nacht all das begraben mussten, was Sinn und Inhalt ihres Lebens sein sollte.

Ein Stück Papier mit der amtlichen Nachricht über den Kriegstod oder das Verschollensein ihres Mannes, des Vaters ihrer Kinder, zerstörte alle Erwartungen und alle Hoffnungen. Doch das Leben fordert schonungslos von den Frauen die Besinnung auf die eigene Kraft und auf alle Pflichten, die sie nun doppelt zu tragen hatten. Die Sorge und die Verantwortung für ihre Kinder, die sie als einziges Erbe übernahmen, ließ sie über sich selbst hinauswachsen, verlieh ihnen Kräfte und Fähigkeiten, die sie selbst nie für möglich gehalten hatten.

Am Ende des 2. Weltkrieges hatten 1,17 Millionen Frauen den Mann, 1,5 Millionen Kinder den Vater verloren.

Der VdK, der sich um das Wohl der vom Krieg betroffenen Frauen in besonderem Maße bemühte, sah es als eine seiner ersten Pflichten an, die Öffentlichkeit davon zu unterrichten, dass ein Millionenheer von Kriegerwitwen, ohne Aufhebens von ihrer Person zu machen, still und tapfer ihr Schicksal bezwangen. Das geschah in einer Zeit der schlechtesten Versorgung seitens des Staates. Sie wollten ihre Kinder zu ordentlichen und lebenstüchtigen Menschen und zu guten Bürgern des Staates erziehen und lebten vor, was Frauen zu leisten vermögen, wenn sie in die Verantwortung gestellt werden.

Das Bemerkenswerteste war aber, dass sie trotz der eigenen schweren, seelischen Belastung noch die Kraft aufbrachten, sich an der Seite derer einzusetzen, die seit Gründung des Verbands Wegbereiter und stete Mahner für eine gerechte Versorgung waren. Die Frauen haben sich in aufopfernder Mühe, getragen von Idealismus, für die große Aufgabe zur Verfügung gestellt.

Um die Leistungen der Frauen für den Verband und damit auch für Staat und Gesellschaft richtig würdigen zu können, muss man einmal zurückblenden auf das große „VdK-Hilfswerk" der damaligen Jahre.

Die ersten Jahre nach der Gründung des Verbandes waren erfüllt von der Sorge um die Linderung materieller Not. Mancher Wunsch in Bezug auf ganz individuelle Betreuung der Hinterbliebenen musste vorerst zurückgestellt werden.

Trotzdem wurde nichts unversucht gelassen, der völligen Isolierung und Vereinsamung entgegenzutreten. Durch die große Katastrophe des Kriegs und ihrer persönlichen Schicksale waren die Hinterbliebenen plötzlich völlig vom gesellschaftlichen Leben ausgeschlossen worden. Der VdK bemühte sich daher, ihnen innerhalb der Gemeinschaft eine menschliche Heimat zu geben.

Mit der Gründung des Verbands wurden auch schon die ersten Weichen für die „Hinterbliebenen-Arbeit" im VdK-Deutschland gestellt.

Die Frauen der „ersten Stunde", die Frauen, die sich bereit fanden, für ihre zahllosen Schicksalsgefährtinnen zu sprechen und zu arbeiten, erkannten nüchtern und realistisch, dass es Sinn und Zweck der Hinterbliebenenarbeit im VdK sein musste, den Hinterbliebenen mit Rat und Hilfe in allen Lebenslagen beizustehen.

Sie mussten sich Rat über ihre Rentenansprüche holen, sie mussten Rat erhalten können, wenn sie Erziehungsschwierigkeiten mit den Kindern hatten, auch wenn sie zum Beispiel nicht wussten, welche Ausbildung für das Kind die richtige und beste war, und sie mussten informiert werden, wie die Ausbildung finanziert werden konnte. Zu dieser Zeit stand die versorgungs- und fürsorgerechtliche Betreuung der Kriegswaisen im Vordergrund der VdK-Arbeit.

Am Ende eines jeden Jahres – gewissermaßen als Krönung der Jahresarbeit innerhalb des VdK-Landesverbands Niedersachsen-Bremen – wurden Tausende von Kriegerwaisen zum Weihnachtsfest mit Gaben beschert.

Mit dem Heranwachsen der Waisen und dem damit verbundenen Ausscheiden aus der Versorgung und Betreuung verlagerte sich im

Laufe der Jahre das Schwergewicht der Hinterbliebenenarbeit auf die individuelle Betreuung der Hinterbliebenen und betagten Mitglieder.

Der VdK wusste, dass er den Frauen helfen musste im schweren Alltagsleben zu bestehen, indem er ihre Kräfte weckte und stärkte. Jeder wusste von sich selbst, dass Lachen und Freude zum Leben gehören, genauso wie Kummer und Leid. Deshalb musste dafür gesorgt werden, dass die Frauen aus gesellschaftlicher Isolierung wenigstens ab und an herauskommen konnten. In den VdK-Veranstaltungen sollten sie Freude und manchmal auch Ausgelassenheit erleben können.

Die eigens organisierte Hinterbliebenenarbeit in der großen Organisation schuf den Boden und die Atmosphäre, die nötig waren, um den VdK für zahlreiche Hinterbliebene zu einer Stätte der menschlichen Begegnung werden zu lassen. In allen Kreis- und Ortsverbänden des VdK-Landesverbands waren Frauengruppen fleißig am Werk. Sie veranstalteten Vortragsabende, Bastelabende, Theaterabende, Kegel-Nachmittage, Ausflüge und Besichtigungen, Karnevalsfeste, Muttertags-, Advents- und Weihnachtsfeiern sowie Kaffeestunden. Dankbar erkannten die Hinterbliebenen das Bemühen an, sie aus Vereinsamung herauszulösen.

Dem selbstlosen Einsatz der zahllosen Hinterbliebenenbetreuerinnen in den Orts- und Kreisverbänden war es zu verdanken, dass die Hinterbliebenenarbeit über den Rahmen der Verbandsarbeit hinaus gesellschaftspolitische Bedeutung gewann.

Mit der Betreuung und Beratung von alten, kranken oder gebrechlichen Mitgliedern zum Beispiel, die in der VdK-Arbeit immer schon eine besondere Stellung eingenommen hat, haben die Betreuerinnen einen beträchtlichen Anteil staatlicher Aufgaben übernommen, für die sonst ausgebildete und bezahlte Kräfte hätten eingesetzt werden müssen.

Lange bevor sich Öffentlichkeit und staatliche Stellen mit dem Problem der alten Menschen und des wachsenden Anteils der Alten an der Gesamtbevölkerung befasst haben und lange bevor Maßnahmen zur Erleichterung des Lebensabends für viele alte Menschen eingeleitet wurden, wurde im VdK schon praktische Altenhilfe geleistet.

In allen Kreisverbänden des VdK-Landesverbands Niedersachsen-Bremen sind bis heute Betreuerinnen aktiv tätig, sowohl in der kulturellen Arbeit als auch in der persönlichen Betreuungsarbeit und auch in der Sozialpolitik.

Die Betreuerinnen erlangten schnell das Fachwissen. Sie standen in den Kreisgeschäftsstellen nicht nur den Männern bei der Arbeit zur Seite, sondern bekleideten zum großen Teil schon damals das Amt von Kreisgeschäftsführerinnen und berieten die Mitglieder im Sozialrecht.

Die Gesetze wurden nicht einfacher, sondern immer komplizierter. Das hatte zur Folge, dass laufend auf Landesebene Arbeitstagungen durchgeführt werden mussten, die von der Landesbetreuerin einberufen und geleitet wurden.

An diesen Arbeitstagungen nahmen neben den Kreisbetreuerinnen auch Vertreterinnen und Vertreter der Versorgungsämter, der Landkreise und Fürsorgestellen, der Stadtverwaltungen,

Krankenkassen und sonstigen Behörden, des VdK-Landesverbandsvorstands sowie des VdK-Bundeshinterbliebenenausschusses und nicht zuletzt des Präsidiums des VdK Deutschland teil. Hervorragende Referate über alle akut anstehenden Probleme in der Sozialpolitik sowie über die allgemeine Frauenarbeit in der Organisation sorgten für die Erweiterung des Fachwissens.

Dreizehn Landeshinterbliebenenkonferenzen, die in den Städten Oldenburg, Bremen, Verden (Aller), Bad Zwischenahn, Osnabrück, Hann. Münden, Hannover und Hitzacker stattfanden, rückten die Arbeit der Frauen in der „größten Frauenorganisation der Bundesrepublik" – so der VdK damals über sich selbst – in das Blickfeld der Öffentlichkeit.

Auch in den VdK-Kreisverbänden wurden Schulungstagungen dieser Art organisiert, an die sich Hinterbliebenenkundgebungen anschlossen, die außer von namhaften Gästen von vielen hundert Hinterbliebenen besucht wurden.

Des Weiteren wurden viele Jahre von der Landeshinterbliebenenbetreuerin Arbeitsmaterial in Form von „Sonderrundschreiben" herausgegeben, um der Hinterbliebenenarbeit im ganzen VdK-Landesverband eine einheitliche Richtung zu geben.

Die Interessen der Hinterbliebenen wurden von der Landeshinterbliebenenbetreuerin vertreten, und zwar seit 1953 im Landesvorstand und im sozialpolitischen Ausschuss des VdK-Landesverbands und seit 1958 auch im Bundeshinterbliebenenausschuss des VdK Deutschland.

Durch den 6. Ordentlichen Bundesverbandstag 1974 in Saarbrücken hat die Frauenarbeit im VdK eine besondere Würdigung gefunden. Nach dem Beschluss einer Satzungsänderung gehörten seitdem dem Präsidium drei weibliche Mitglieder an. Außer der Vizepräsidentin Rosel Schmitt und der Schriftführerin Emmy Nastold wurde die Landesbetreuerin des VdK Niedersachsen-Bremen, Lotti Harms, als Beisitzerin in das Präsidium des VdK-Deutschland gewählt. Später wurde sie mehrfach wiedergewählt.

Damit fand auch die Hinterbliebenenarbeit des VdK-Landesverbands eine besondere Anerkennung.

Der Bundesausschuss, dem sechs Hinterbliebene angehörten, vertrat 600 000 Kriegswitwen und -eltern im VdK Deutschland.

Die jährlich stattfindenden Bundeshinterbliebenenkonferenzen erarbeiteten Anregungen und Formen für die Hinterbliebenenarbeit des Verbands und berieten über vordringlich zu fordernde Verbesserungen in der Hinterbliebenenversorgung.

Ein besonderes Gewicht erhielt die Arbeit der Frauen auch durch die Bemühungen um Verständigung, Versöhnung und Freundschaft mit Kriegerwitwen anderer Nationen. Viele Jahre pflegte der VdK-Landesverband zum Beispiel besonders Kontakte und Freundschaftsbande mit niederländischen und anderen Organisationen.

30 000 Hinterbliebene haben damals innerhalb des Gesamtverbands Führungsaufgaben und Ehrenämter übernommen; auch innerhalb des VdK-Landesverbands Niedersachsen-Bremen.

Alle Mitarbeiterinnen des Verbands durften stolz, glücklich und dankbar sein, dass sie die

Aus Anlass einer Landeshinterbliebenen-Tagung gab die Bremer Landesregierung dem VdK Niedersachsen-Bremen einen Empfang.

Prüfung, die ihnen das Schicksal aufzwang, so überzeugend bestanden haben. Sie legten bei ihrer Arbeit in der großen VdK-Gemeinschaft Zeugnis dafür ab, dass sie leidgeprüft und kampferprobt sich in der Sorge für andere bewähren!

„Das Leben ist nie etwas,
es ist die Gelegenheit zu einem Etwas!“
(Friedrich Hebbel, 1818-1863)

Diese Gelegenheit haben die Hinterbliebenen genutzt. Sie haben sich menschlich bewährt, als Ernährerin und Erzieherin ihrer Kinder, als Helferin und Betreuerin im Verband. Sie standen anderen bei der Bewältigung ihrer Schwierigkeiten bei. Auf vielfache Weise halfen sie, soziale Gerechtigkeit zu verwirklichen.

Der VdK und die Menschen mit Behinderung ab 1970

Obgleich am Anfang der VdK-Arbeit die sozialrechtliche Betreuung der Kriegsbeschädigten und Kriegshinterbliebenen stand, fanden dann schon recht bald die zivilbeschädigten und behinderten Menschen den Weg zum VdK. Für sie mussten im gleichen Maße wie für die Kriegsopfer und Sozialrentner bessere soziale Grundlagen geschaffen werden.

Waren schon die Probleme der vielen Millionen Kriegsopfer und Sozialrentner riesengroß, so galt dies ebenso für die Millionen Menschen mit Behinderung, die nur zum Teil Renten bezogen. Ihre Probleme lagen nicht nur oder überwiegend auf dem Sektor der Rentengewährung und Versorgung, sondern auch auf dem Gebiet der Rehabilitation. Das ist ein Begriff, mit dem zumindest anfangs noch niemand etwas anzufangen wusste.

Das im Jahr 1953 mit Hilfe des VdK geschaffene Schwerbehindertengesetz war für wenige behinderte Menschen erst ein bescheidener Anfang. Auch das im Juli 1962 in Kraft getretene Bundessozialhilfegesetz mit seiner Eingliederung brachte ihnen nicht den großen Durchbruch.

Mit seinem ersten „Bundeskongress für Behinderte“ hat der VdK Deutschland am 10. und 11. Oktober 1970 in München die entscheidenden Weichen für die Betreuung und Rehabilitation behinderter Menschen in Arbeit, Beruf und Gesellschaft gestellt.

Durch die persönliche Anwesenheit und Anteilnahme des höchsten Repräsentanten der Bundesrepublik Deutschland, Dr. Dr. Gustav Heinemann, wurde die Bedeutung dieses VdK-Kongresses unterstrichen.

Der Bundespräsident sprach in München die Hoffnung aus, dass dieser Bundeskongress in Deutschland zu einer neuen Bewusstseinshaltung der Gesellschaft führen möge, denn eine Gesellschaft, die Menschen nur nach ihrem Nutzen beurteile, gehe einen ersten Schritt in die Abgründe der Vernichtung sogenannten „unwerten Lebens.“

In der Tat, inwieweit die auf Leistungen und

Dr. Dr. Gustav Heinemann (links), hier mit Bundeskanzler Helmut Schmidt, war vom 1.Juli 1969 bis zum 30. Juni 1974 der dritte Bundespräsident der Bundesrepublik Deutschland.

Wettbewerb ausgerichtete Gesellschaft in Ordnung ist, wird letztlich daran zu messen sein, ob sie der behinderten Minderheit des Volkes volle Achtung, volle Gemeinschaft und ein Höchstmaß an Eingliederung gewähren wird. Auf dem VdK-Kongress wurde deutlich gemacht, dass die Menschen mit Behinderung nicht zu isolieren, sondern in die Gesellschaft zu integrieren sind.

Viel rascher, als erwartet werden konnte, haben die führenden Vertreterinnen und Vertreter des VdK Deutschland die Konsequenzen aus der Bilanz des 1. VdK-Behindertenkongresses in München gezogen und am 5. Dezember 1970 die Gründung eines „Rehabilitationswerkes des VdK Deutschland“ und gleichzeitig die Änderung der Verbandsbezeichnung in „Verband der Kriegs- und Wehrdienstopfer, Behinderten und Sozialrentner Deutschlands e. V. (VdK)“ beschlossen.

Auch der VdK-Landesverband Niedersachsen-Bremen hatte die Zeichen der Zeit erkannt und bereits am 12. Dezember 1970 seine

Beteiligung an dem neuen Rehabilitationswerk fest zugesagt.

Der VdK hat sich also verpflichtet, den behinderten Menschen ebenso zu helfen, wie er den Kriegsopfern und Sozialrentnern schon immer geholfen hat. Um in der Öffentlichkeit auf die Situation der behinderten Menschen hinzuweisen, hatte der VdK das Jahr 1972 zum „Jahr der Behinderten" proklamiert. Die Bezeichnung „Menschen mit Behinderung" statt „Behinderte" hat sich erst später durchgesetzt.

Aus diesem Anlass führte der VdK-Landesverband Niedersachsen-Bremen am 18. März 1972 in der Weser-Ems-Halle in Oldenburg eine Großkundgebung durch, zu der 4 000 Teilnehmerinnen und Telnehmer aus allen Teilen des Landesverbandsbereiches gekommen waren. Dipl.-Volkswirt Ernst Roth, Mitglied des Hauptvorstands des VdK Deutschland, appellierte an die Öffentlichkeit, den behinderten Mitmenschen nicht Mitleid, sondern mehr Verständnis entgegenzubringen. Vom Staat und von der Gesellschaft forderte er den weiteren Ausbau von zweckentsprechenden Rehabilitationsstätten und eine behindertenfreundliche Architektur im modernen Städtebau.

Der „2. VdK-Bundeskongress für Behinderte" fand am 7. Juni 1972 unter der Schirmherrschaft von Bundespräsident Dr. Dr. Gustav Heinemann in der Stadthalle in Bad Godesberg statt.

VdK-Vizepräsident Ludwig Hönle verlangte in seinem Referat über die Schwerpunktforderungen des VdK Deutschland zur Rehabilitation der Behinderten den Abbau der administrativen, psychischen und baulichen Barrieren. Für den verhinderten Bundesarbeitsminister unterstrich der damalige Staatssekretär Dr. Herbert Ehrenberg die Notwendigkeit eines bundesweiten Netzes von Rehabilitationseinrichtungen. Auch die Sprecher der drei im Bundestag vertretenen Parteien, Albert Burger (CDU/CSU), Eugen Glombig (SPD) und Werner Liebich (FDP), sagten dem VdK ihre Unterstützung zu. Der Kongress selbst, an dem eine Abordnung des VdK Niedersachsen-Bremen teilgenommen hatte, endete mit einem öffentlichen Podiumsgespräch, an dem Fachleute der Rehabilitation und Menschen mit Behinderung teilnahmen.

Zu gleicher Zeit wies der Sprecher des VdK Landesverbands Niedersachsen-Bremen in mehreren Rundfunkinterviews in überregionalen Sendungen des NDR auf die besondere Situation der behinderten Menschen hin und erläuterte das vom VdK geplante Berufsförderungswerk bei Nürnberg.

Wenn die 1970er Jahre nach den Vorstellungen der Bundesregierung wirklich ein „Jahrzehnt der Behinderten" werden sollten, dann waren trotz der schon bestehenden Gesetze noch viele anstehende Probleme zugunsten der behinderten Menschen zu lösen.

In diesem Sinne hat der VdK bei der Gestaltung der 3. Novelle zum Bundessozialhilfegesetz, die am 1. April 1974 in Kraft getreten ist, und bei der Schaffung des Schwerbehindertengesetzes mitgewirkt.

In den darauf folgenden Jahren blieb der VdK Niedersachsen-Bremen ständig bemüht, noch bessere Grundlagen für eine umfassende Rehabilitation zu schaffen. Auf Bundesebene gelang es, die Rehabilitationsleistungen zu ver-

Für eine umfassende Eingliederung der behinderten Menschen in Arbeit, Beruf und Gesellschaft sprach sich der „2. Bundeskongress für Behinderte" des VdK Deutschland am 7. Juni 1972 in Bad Godesberg aus.

einheitlichen, die Menschen mit Behinderung in den Werkstätten in die gesetzliche Rentenversicherung mit einzubeziehen und außerdem die Sozialversicherung für solche behinderten Menschen zu öffnen, die weder in der freien Wirtschaft noch in einer Werkstatt eingesetzt werden können.

Vor dem Hintergrund der steigenden Arbeitslosigkeit, von der besonders Schwerbehinderte betroffen sind, hatte der „3. VdK-Bundeskongress für Behinderte" allergrößte Bedeutung. Viele Fachleute und Praktiker suchten am 10. und 11. Juni 1976 in der „Stiftung Rehabilitation Heidelberg" nach Möglichkeiten, um die vielen jugendlichen Menschen mit Behinderung beruflich einzugliedern. Große Sorge bereitete allen Kongressteilnehmerinnen und -teilnehmern ebenfalls der sprunghafte Anstieg der arbeitslosen Schwerbehinderten. Ihre Zahl hatte sich innerhalb von zwei Jahren schon damals verdoppelt.

Bis zum heutigen Tag ist dem VdK die Sorge um die arbeitslosen Schwerbehinderten geblieben. Als das soziale Gewissen der Gesellschaft ist der VdK weiterhin Mahner. Insbesondere der VdK-Landesverband Niedersachsen-Bremen hat sich für die Bekämpfung der Arbeitslosigkeit Schwerbehinderter eingesetzt. Viele Verhandlungen waren in Hannover und Bremen mit den verantwortlichen Stellen zu führen. VdK-Kommentare über die Arbeitslosigkeit Schwerbehinderter fanden bei Presse, Hörfunk und Fernsehen große Beachtung. Initiativen des VdK Niedersachsen-Bremen veranlassten die Abgeordneten der Parlamente in beiden Bundesländern, sich mit diesen Problemen noch stärker zu befassen.

Am 15. Mai 1978 konnte das VdK-Berufsförderungswerk Nürnberg, dessen Mitträger der VdK-Landesverband Niedersachsen-Bremen ist, seiner Bestimmung übergeben werden. Auf 70 Hektar Grundfläche bot das Berufsförderungswerk damals 520 Ausbildungs- und 450 Internatsplätze für erwachsene Schwerbehinderte, die durch Erkrankung oder Unfall in einen anderen Beruf umgeschult werden müssen.

Als einen großen Erfolg wertete der VdK das am 1. Januar 1979 in Kraft getretene neue Kraftfahrtsteueränderungsgesetz, das alle erheblich gehbehinderten Schwerbehinderten von der Kraftfahrtsteuer befreit. Der VdK hat

Mit dem Berufsförderungswerk Nürnberg hat der VdK ein Beispiel gesetzt und sich der Probleme der Menschen mit Behinderung angenommen.

erreicht, dass die erhebliche Gehbehinderung ab einer Minderung der Erwerbsfähigkeit von mindestens 80 v. Hundert unterstellt wird. Ein ebenso großer Erfolg ist das am 1. Oktober 1979 in Kraft getretene „Gesetz über die unentgeltliche Beförderung Schwerbehinderter im öffentlichen Personenverkehr“. Insbesondere dieses Gesetz, um das der VdK viele Jahre gerungen hat, verwirklicht ein Stück mehr soziale Gerechtigkeit für die benachteiligten Gruppen unserer Gesellschaft.

Nicht unerwähnt darf die vorgezogene Alters-

Kaufmännische Ausbildung: Unterweisung im Schreibtechnischen Zentrum.

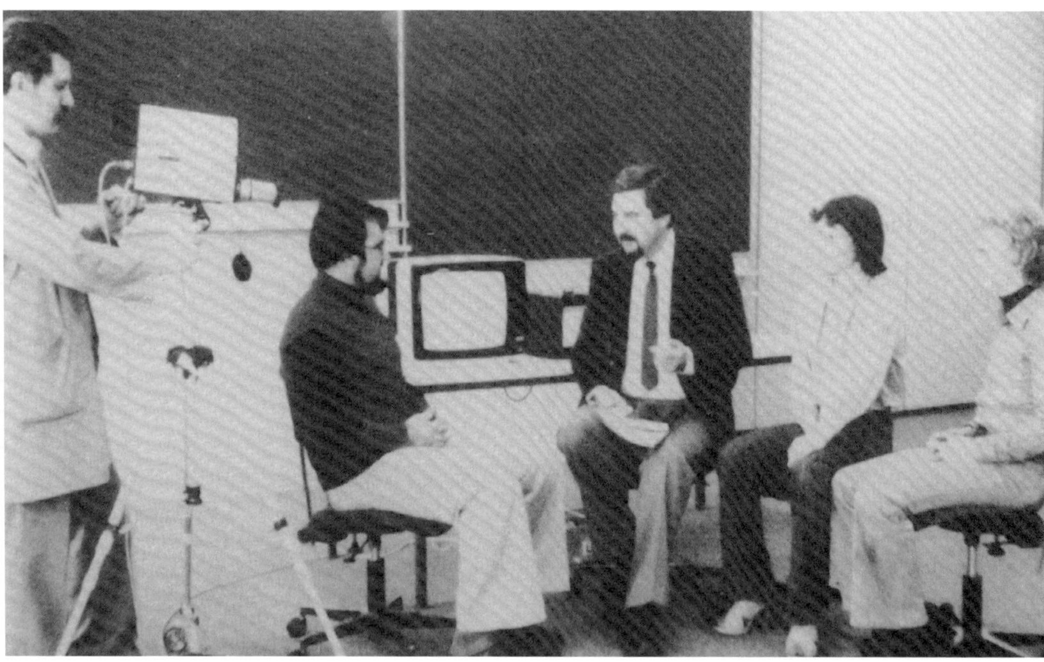

Einsatz damals moderner Unterrichtsmedien: Gruppenunterweisung mit Audiovision.

grenze für Schwerbehinderte auf das 60. Lebensjahr bleiben. Der VdK-Landesverband Niedersachsen-Bremen hatte einen solchen Antrag auf dem 8. VdK-Bundesverbandstag 1978 in Bremen eingebracht und entsprechend begründet. Noch in seiner Grußansprache vor den 4 000 Delegierten in der Bremer Stadthalle hielt Bundesarbeitsminister Dr. Herbert Ehrenberg einen solchen Schritt für kaum durchführbar. Um auch in Zukunft allen behinderten Menschen die Möglichkeit zu geben, ihre Ansprüche nach den verschiedenen Gesetzen anzumelden, ist der VdK bis heute bereit, entsprechende Hilfe bei der Antragstellung zu leisten.

Die Bundesregierung hat es begrüßt, dass sich der VdK als erster der Behindertenverbände mit der Frage der Rehabilitationseinrichtungen befasste und die Trägerschaft für das Berufsförderungswerk in Nürnberg übernommen hat. Der VdK wird auch für die Menschen mit Behinderung weiter arbeiten und damit das soziale Recht in der Bundesrepublik fortentwickeln.

Weiterer VdK-Einsatz für Kriegsopfer, behinderte Menschen und Renter ab 1975

Wettlauf mit der Zeit

Die wirtschaftliche Rezession und die damit verbundenen finanziellen Schwierigkeiten von Bund und Ländern führten zu neuen Überlegungen bei Regierung und Parlament. Soziale Leistungsabstriche wurden seit 1975 erwogen. Dem VdK ging es in den damaligen Jahren darum, das bis dahin Sozialerreichte zu sichern. Die vielen Protestveranstaltungen des VdK gegen Rentenkürzungen und Veränderungen bewährter Rechtsgrundlagen sprechen eine beredsame Sprache. Der VdK musste sich auch weiterhin als Kampfgemeinschaft bewähren.

Kaum war der vom VdK erkämpfte Stufenplan der Bundesregierung, die Versorgungsleistungen der Kriegsopfer ab 1. Juli 1975 um 11,1 Prozent zu erhöhen und die Wiederankoppelung des Anpassungstermins mit der Rentenversicherung abgeschlossen worden, zogen neue Gewitterwolken am politischen Horizont auf. Angesichts der schlechten wirtschaftlichen Entwicklung in der Bundesrepublik und der damit verbundenen Finanzschwierigkeiten der Bundesregierung wurde bereits im Sommer 1975 das Haushaltsstrukturgesetz diskutiert. Es war unter anderem beabsichtigt, die sozialen Leistungsansprüche der Kriegsopfer zu kürzen.

Rechtzeitig erhob der VdK scharfen Protest gegen diese unsolidarische Bonner Rotstiftpolitik, der vor allem Leistungen in der Hinterbliebenenversorgung, der Erholungsfürsorge und beim Berufsschadenausgleich zum Opfer fallen sollten. Unter diesem Aspekt ging es schließlich dem VdK in erster Linie darum, unter allen Umständen das bisher Erreichte zu sichern und eine soziale Demontage zu verhindern.

Die Bundesregierung verstand es damals in geschickter Weise, eine Kampagne gegen die Kriegsopfer und Rentner und deren Leistungsansprüche zu starten, um somit für den Abbau von Sozialleistungen Stimmung zu machen. Presse, Rundfunk und Fernsehen berichteten

Mit einem großen Reisebus war eine Delegation aus Niedersachsen-Süd zum Kriegsopfer-Parlament am 20. November 1975 nach Bonn angereist.

aus VdK Sicht in unzureichender Weise über die am 1. Juli 1975 vorgenommene Rentenanpassung. So konnte der Eindruck entstehen, als würden Kriegsopfer und Rentner erheblich bevorzugt.

Als besondere Zielscheibe dienten im „heißen Sommer 1975" wieder einmal die Grundrenten der Kriegsbeschädigten. Das Nachrichtenmagazin „Der Spiegel" meinte: „Da bekommen wohlhabende Exkriegsteilnehmer mit Bagatellschäden dynamisierte Grundrenten, die zwar im Einzelfall nur zum Kauf eines Edelschnapses reichen, in der Summe aber Milliardenhöhe erreichen".

Eine solche Verhöhnung hatten die Kriegsopfer und ihre Verbände schon seit langem nicht mehr gehört. Anstatt die Gesellschaft auf ihre Verpflichtung gegenüber den Menschen hinzuweisen, die Opfer für die Allgemeinheit gebracht haben, wurde „giftige Drachensaat", wie der VdK damals formulierte, unter das Volk geschüttet. Der VdK richtete an Regierung und Parlament den Appell, die Prioritäten richtig zu setzen und nicht an den Sozialleistungen zu sparen.

In intensiven Bemühungen, durch Verhandlungen und Gespräche, auch auf Länderebene, die Rechtsgrundlagen der Kriegsopferversorgung zu erhalten, machte der VdK Landesverband Niedersachsen-Bremen deutlich, dass mit dem von der Bundesregierung vorgelegten Haushaltsstrukturgesetz das Vertrauen der Kriegsopfer und Rentner zum Rechtsstaat schwer erschüttert wird. Das VdK-Präsidium des Bundesverbands hatte in seiner Sitzung im Oktober 1975 in Rastede (bei Oldenburg) beschlossen, die im Bereich der Kriegsopferfürsorge vorgesehenen Sparmaßnahmen wegen ihrer erheblichen Rechtsverschlechterung grundsätzlich abzulehnen. Damals wurden die VdK-Beschlüsse dem Finanzausschuss des Bundesrats zugeleitet.

Im ähnlichen Sinn wandte sich der VdK Landesverband Niedersachsen-Bremen an den niedersächsischen Sozialminister Helmut Greulich und an den Bremer Senator für Soziales und Senator für Arbeit, Bürgermeister Dr. Walter Franke. Sie sollten auf die Bundesratsmitglieder einwirken und verhindern, dass die in einem Vierteljahrhundert bewährten Rechtsgrundlagen des Bundesversorgungsgesetzes mit einem Federstrich beseitigt werden.

Inzwischen hatte der Bundestag mit der Mehrheit der Koalitionsfraktionen von SPD und FDP das Haushaltsstrukturgesetz verabschiedet. Die CDU/CSU-Bundestagsfraktion verweigerte diesem Gesetz die Zustimmung und stellte sich auf die Seite des VdK. Die letzte Entscheidung konnte nur noch im Bundesrat beziehungsweise im Vermittlungsausschuss fallen. Offensichtlich erwarteten die Bundesregierung und die sie tragenden politischen Parteien von den Kriegsopfern, dass sie vor der Allmacht des Staates kapitulieren und bewährte Rechtsgrundlagen ihrer Versorgung einfach kampflos preisgegeben würden. Stattdessen riefen Präsidium und Hauptvor- stand des VdK Deutschland dazu auf, Protestaktionen im gesamten Bundesgebiet durchzuführen. Auch die Ortsgruppen und Kreisverbände des VdK Niedersachsen-Bremen folgten diesem Aufruf.

Im Hinblick auf das hohe Finanzdefizit des Bundes und der Länder sowie der lautstarken Worte aus dem Regierungslager „Die Kriegsopferrenten werden zum 1. Juli 1976 um elf Prozent erhöht“, hatte der VdK es nicht leicht, der bundesdeutschen Öffentlichkeit klarzumachen, was das Haushaltsstrukturgesetz in Wirklichkeit bezweckt.

Höhepunkte des Protests

Das Kriegsopfer-Parlament des VdK Deutschland unter dem Motto: „Hände weg von der Kriegsopferversorgung“ wurde am 20. No-

Lebhaftes Echo fand das VdK-Kriegsopfer-Parlament 1975 auch bei Presse, Funk und Fernsehen.

Die Delegation aus dem VdK-Bezirk Niedersachsen-Süd beim Kriegsopfer-Parlament.

vember 1975 in der Godesberger Stadthalle in Bonn zum Höhepunkt des Protests. Die 1 400 Delegierten aus allen Teilen der Bundesrepublik, unter ihnen eine starke Abordnung aus dem VdK-Bezirksverband Niedersachsen-Süd, machten auf die Politiker Eindruck. Es ging wieder einmal heiß her, denn die Abgeordneten mussten Rede und Antwort stehen.

VdK-Präsident Karl Weishäupl machte die sozialen Ungerechtigkeiten deutlich, die durch die geplanten Maßnahmen des Haushaltsstrukturgesetzes nicht nur für die Kriegsopfer entstehen würden. Laute Proteste hagelte es, als der VdK-Präsident den Brief von Bundeskanzler Helmut Schmidt an den Kongress verlas, in dem der Bundeskanzler „um Verständnis für die Sparmaßnahmen“ warb.

In weiser Voraussicht auf die Zukunft forderte der VdK-Präsident die Parlamentarier auf zu verhindern, dass das Netz der sozialen Sicherheit zerrissen werde. An den Bundesrat appellierte er, gegen den Teil des Artikelgesetzes zu stimmen, der Rechtsverschlechterungen für die Kriegs- und Wehrdienstopfer vorsieht: „Rufen Sie den Vermittlungsausschuss an! Helfen Sie uns, den Anfängen zu wehren!“, rief der VdK-Präsident den Politikern zu.

Als im Namen der Koalitionsparteien der parlamentarische Geschäftsführer der SPD-Fraktion, Helmut Lenders, sagte: „Wir tun es uns nicht leicht, wenn wir kürzen“, erntete er nur Gelächter und Pfui-Rufe, während die Abgeordneten Albrecht Hasinger (CDU) und Franz Xaver Geisenhofer (CSU) sich scharf gegen die Kürzungspläne wandten.

Reichsbund stellt sich quer

Im Kampf gegen die Rechtseinbrüche nahm der „Reichsbund“ eine andere Haltung ein. Obgleich er die Eingriffe in das Kriegsopferrecht ebenfalls zu weitgehend wertete, hatte er noch zwei Tage vor dem Kriegsopfer-Parlament des VdK in einem Spitzengespräch im Bundeskanzleramt im Grundsatz die Maßnahmen der Bundesregierung zur Verbesserung der Haushaltsstruktur anerkannt und sich damit in einen Gegensatz zu den Interessen der Kriegs- und Wehrdienstopfer gestellt.

Das Kriegsopfer-Parlament aber fand ein lebhaftes Echo. In seinem Kommentar sagte Wilhelm K. Papenhoff im Westdeutschen Rundfunk u. a.: *„Als Beobachter des Geschehens möchte ich allerdings meinen, dass man für die Haltung des VdK mehr Verständnis aufbringen muss als für das Zögern und die Zurückhaltung des Reichsbundes... Und es wäre wahrscheinlich viel gewonnen, wenn sich in dem bevorstehenden Vermittlungsverfahren ein Weg finden ließe, auf den Zugriff bei den Kriegs-opfern zu verzichten. Leicht dürfte das, und das weiß man auch beim VdK, aber nicht sein.“*

Noch bevor der VdK Deutschland mit seinem Kriegsopfer-Parlament im Kampf um soziale Gerechtigkeit in die letzte Runde gegangen war, hatte der Vorstand des VdK-Landesverbands Niedersachsen-Bremen sich in persönlichen Botschaften an die Sozialminister von Niedersachsen und Bremen gewandt, das Haushaltsstrukturgesetz im Bundesrat abzulehnen.

Erwartungsgemäß lehnte der Bundesrat das Haushaltsstrukturgesetz ab. Er folgte damit dem Appell des VdK-Kriegsopfer-Parlaments und rief den Vermittlungsausschuss an.

Einen Tag vor Einberufung des Vermittlungsausschusses tagte am 26. November 1975 der Sozialpolitische Ausschuss des VdK-Landesverbands Niedersachsen-Bremen in Hannover. Er befasste sich mit dem Haushaltsstrukturgesetz und insbesondere mit der Witwen- und Waisenbeihilfeversorgung. In zwei gleichlautenden Telegrammen appellierte der VdK letztmalig an den niedersächsischen Sozialminister Helmut Greulich und an Bremens Sozial- und Arbeitssenator Dr. Walter Franke, im Vermittlungsausschuss dem Änderungsantrag der CDU/CSU zuzustimmen. Danach sollte der § 48 BVG in der bisher gültigen Fassung bestehen bleiben und nicht zu Lasten der Hinterbliebenen verändert werden.

Bundesregierung trifft Blitzentscheidung

Nachdem am 29. November 1975 im Vermittlungsausschuss zwischen Bundesrat und Bundestagsmehrheit keine Einigung erzielt werden konnte, machte die Bundesregierung in raffinierter Weise eine Blitzentscheidung. Sie erklärte plötzlich, dass aus rechtlichen Gründen der Artikel 25 des Haushaltsstrukturgesetzes, der die Kürzung von Kriegsopferleistungen vorsah, nicht mehr der Zustimmung durch die Länder bedürfe. Hier wurde erstmals in der parlamentarischen Geschichte der Bundesrepublik auf raffinierte Art der Bundesrat ausgetrickst. Damit war das „Unrecht“ besiegelt, obwohl es dem VdK doch vorher gelungen war, einige Abmilderungen zugunsten der Betroffenen durchzusetzen.

Bundestagswahl vor der Tür

Am Ende der Legislaturperiode des 7. Deutschen Bundestags im Herbst 1976 unternahm die sozialliberale Bundestagskoalition gemeinsam mit der Bundesregierung erneut ein Verwirrspiel in der Sozialpolitik. Sofort meldete sich wieder der VdK-Landesverband zu Wort und forderte von den Kandidatinnen und Kandidaten aus Niedersachsen und Bremen zum 8. Bundestag eine klare Aussage, wie sie zu den in der Sozialpolitik umstrittenen Fragen stehen und welche Schritte sie zu tun gedenken, das Netz der sozialen Sicherheit zu erhalten, wenn sie als Abgeordnete in das neue Parlament eingezogen sind. Schon damals wurden die Bundesbürgerinnen und -bürger mit widersprüchlichen Zahlen über ein finanzielles Defizit in der gesetzlichen Rentenversicherung überschüttet. Es wurden Stimmen laut, die Renten seien nicht mehr sicher. FDP-Politiker kündigten sogar an, man werde schon bald von der bruttolohnbezogenen auf die nettolohnbezogene Rentenanpassung umsteigen müssen. Das allerdings würde nach Meinung des VdK auch negative Auswirkungen auf die Anpassungen der Kriegsopferrenten haben. Um von den politisch Verantwortlichen eine klare Aussage zu erhalten und damit einen weiteren sozialen Leistungsabbau nach den Wahlen zu verhindern, legte der VdK-Landesverbandsvorstand schon im Sommer 1976 seine Forderungen vor:

- Die Rechtsverschlechterungen im Bundesversorgungsgesetz sind zu beseitigen.

- Weitere Einbrüche in das Kriegsopferrecht sind zu verhindern.

- Leistungsminderungen in der gesetzlichen Rentenversicherung dürfen nicht erfolgen.

- Der Gesetzentwurf über die unentgeltliche Beförderung Schwerbehinderter im öffentlichen Personenverkehr muss auf den Tisch der parlamentarischen Beratung kommen.

- Das Schwerbehindertengesetz ist voll auszuschöpfen. Eine etwaige Herabsetzung der Pflichtquote ist mit allen Mitteln zu verhindern.

- Die Arbeitslosigkeit von Schwerbehinderten ist abzubauen.

- Die Altersgrenze für Schwerbehinderte ist vom 62. auf das 60. Lebensjahr herabzusetzen.

- Es sind betriebliche und überbetriebliche Ausbildungsplätze für jugendliche Schwerbehinderte zu schaffen.

Mit beschwörenden Worten versuchten Bundeskanzler Helmut Schmidt sowie die SPD und FDP noch in den letzten Tagen und Wochen des Wahlkampfes den Wählerinnen und Wählern klarzumachen, dass die Renten sicher seien. Auch an Kürzungen der Renten und Verschiebung der Anpassungstermine sei nicht zu denken.
Was in den Wochen vor der Wahl von den Politikern der Koalitionsparteien verschleiert

worden war, trat am Tage nach der Wahl offen zu Tage. Der Sozialbeirat, der für die Bundesregierung jedes Jahr ein Gutachten zur Rentenanpassung abgibt, hätte gern die zum 1. Juli 1977 vorgesehene Rentenerhöhung auf den 1. Januar 1978 verschoben. Als Alternative wurde von ihm die Heraufsetzung des Sozialversicherungs-Beitragssatzes vorgeschlagen. Die Rentnerinnen und Rentner müssten dann allerdings auch mit fünf Prozent ihrer Rente an der Krankenversicherung beteiligt werden.

Eine klare Entscheidung der Bundesregierung hierüber war jedoch vor der Regierungserklärung von Bundeskanzler Helmut Schmidt noch nicht zu erwarten.

Unwürdiges politisches Spiel

Unter krassem Bruch aller Wahlversprechen zur Rentenfrage seitens der führenden SPD- und FDP-Politiker im Sommer 1976 wollte die neue Bundesregierung die Renten erst ein halbes Jahr später zum 1. Januar 1978 erhöhen. Ein Sturm des VdK-Protests aus allen Teilen der Bevölkerung war das unüberhörbare Echo. Der VdK-Landesverband Niedersachsen-Bremen kündigte schärfste Kampfmaßnahmen an. VdK-Präsident Weishäupl hierzu an Bundeskanzler Helmut Schmidt: *„Der VdK wird einen solchen Wortbruch der verantwortlichen Politiker nicht tatenlos hinnehmen, sondern mit der geballten Kraft seiner Millionenorganisation mit Nachdruck die Interessen der Rentner und Kriegsopfer vertreten. Der Marsch der 30 000 VdK-Mitglieder nach Bonn im Jahre 1973 muss nicht der letzte gewesen sein! – Beenden Sie endlich das Verwirrspiel!“*

Zum gleichen Zeitpunkt am 4. Dezember 1976 kamen Vorstand und Beirat des VdK-Landesverbands in Oldenburg zusammen. Hier nahmen Landesverbandsvorsitzender Paul Friedrich und Landesverbandsgeschäftsführer Karl Schenkendorf zur kritischen Lage im Sozialbereich Stellung. Wenige Tage später, am 9. Dezember 1976, rief der Landesverbandsvorstand kurzfristig seinen „kleinen Krisenstab“ ein. In dieser Sitzung wurden Präsidium und Hauptvorstand des VdK Deutschland aufgefordert, gegebenenfalls den „Marsch auf Bonn“ zu starten, um das „schändliche Spiel“ der Bonner Koalitionspolitiker zu vereiteln.

Bonn beugt sich dem Protest

Unter dem Eindruck sofort angekündigter schärfster Kampfmaßnahmen und des bundesweiten VdK-Protests wich die Bundesregierung zurück. Am 10. Dezember 1976 einigten sich die Koalitionspartner auf ein neues Konzept zur Sanierung der Finanzen der Rentenversicherung. In einem Zwölf-Punkte-Programm wurden diejenigen Änderungen aufgeführt, die die nötige Finanzstabilität sowohl der Renten als auch in der Krankenversicherung herbeiführen sollten.

Die Rentenfrage war erwartungsgemäß ein zentraler Punkt der Regierungserklärung des Bundeskanzlers vom 16. Dezember 1976. Helmut Schmidt räumte ein, dass die Rentenpläne zu einer ernsthaften Beunruhigung und zu einer Belastung des Vertrauens in der sozialliberalen

ralen Koalition und in der Regierung geführt haben. Aufgrund des Gutachtens des Sozialbeirats und anderer neuer wirtschaftlicher Daten sei eine Verschiebung der für den Juli 1977 vorgesehenen Rentenanpassung um sechs Monate auf Januar 1978 nicht mehr in Erwägung gezogen worden. Die wesentlichen Punkte der Regierungserklärung sind:

- Die Renten werden zum 1. Juli 1977 um 9,9 Prozent erhöht. Die nächste Anpassung erfolgt am 1. Januar 1979 und dann jeweils im jährlichen Abstand.

- Die Bruttolohnbezogenheit bei der Festsetzung der Neurenten bleibt bestehen.

- Die laufenden Renten werden ab Januar 1979 jeweils mindestens entsprechend der Steigerung der nach Abzug der Steuern und Sozialabgaben verfügbaren Einkommen der aktiven Arbeitnehmer erhöht.

- Die Beitragssätze zur Rentenversicherung bleiben unverändert.

- Es wird kein Krankenversicherungsbeitrag für Rentner eingeführt.

- Die Rentenversicherung wird von den stark angestiegenen Kosten der Krankenversicherung der Rentner entlastet.

Wenngleich der Anpassungstermin 1. Juli 1977 sowohl für die Rentnerinnen und Rentner als auch für die Kriegsopfer gesichert war, so zeigte sich aber das Programm, das zunächst das 20. Rentenanpassungsgesetz und das „Gesetz zur Kostendämpfung im Gesundheitswesen“ betraf, als unausgereift und unausgewogen.

Zum ersten Mal sollte hiermit die bereits seit langem von der FDP angestrebte nettolohnbezogene Rentenanpassung vollzogen werden. Gleichzeitig beinhaltete die Regierungsvorlage eine Rückverlegung des jährlichen Rentenanpassungstermins auf den 1. Januar. Von der Bevölkerung fast unbemerkt, wurde auch die Kriegsopferversorgung von diesen Gesetzen betroffen, denn Regierung und Koalitionsfraktionen bestätigten den Zusammenhang zwischen der Anpassung der Sozialrenten und der Anpassung der Kriegsopferrenten.

Der VdK rechnete schon gleich nach Bekanntgabe dieses Konzepts mit harten Auseinandersetzungen in der Rentenfrage. In einer Pressekonferenz am 21. Dezember 1976, zu der der VdK-Landesverband Niedersachsen-Bremen in die Hansestadt Bremen eingeladen hatte, legte VdK-Hauptgeschäftsführer Lothar Franke vor Fernsehen, Funk und 17 Journalisten der Presse die Vorstellung des VdK Deutschland öffentlich dar. Er kritisierte insbesondere die Berechnungsgrundlage für die Rentenanpassung, denn sie sollte nach dem Willen der Regierung gleichzeitig als Maßstab für die Kriegsopferrenten gelten. Die Änderung der Berechnungsgrundlagen bezeichnete Lothar Franke als Bruch des Generationenvertrags. Durch solche Maßnahmen würden die aus dem Arbeitsleben ausgeschiedenen Beitragszahlerinnen und -zahler betrogen. Am selben Tage sprach Lothar Franke noch im Rahmen einer Veranstaltung vor mehr als 700 Bremer VdK-Mitgliedern.

Eindringlich rief VdK-Präsident Karl Weishäupl am 16. Februar 1977 in Bonn zur politischen Vernunft auf.

Ein klares Nein zu den Bonner Rentenplänen betonte ebenfalls der VdK-Landesverband am 23. Januar 1977. Rund 1 100 VdK-Mitglieder protestierten in der Oldenburger Weser-Ems-Halle. Mit aller Deutlichkeit wurde auf den Bruch des Generationenvertrags hingewiesen. Auch wollten die Kriegsopfer nicht „die Prügelknaben der Nation“ werden. Das niedersächische VdK-Präsidiumsmitglied Lotti Harms erklärte, dass das Sanierungskonzept für die Kriegs- und Wehrdienstopfer unannehmbar sei, da die Anpassung der Kriegsopferrenten nichts mit der Finanzierung der Rentenversicherung zu tun habe. VdK-Landesverbandsvorstandsmitglied Heinz Konersmann wandte sich gegen den Wortbruch der Bonner Koalitionspolitiker; denn sie hätten vor den Wahlen sichere Renten ohne Kürzung versprochen.

VdK-Hauptgeschäftsführer Lothar Franke sprach auf der VdK-Landesverbandskonferenz 1976 in Bremen.

Seit diesem Tag war der lautstarke VdK-Protest gegen das Konzept der Bundesregierung nicht mehr verstummt. Bereits in den ersten Wochen im Jahr 1977 wurden mehr als zweihundert Protestaktionen des VdK auf Landesebene durchgeführt. Ein unübersehbares STOP-Zeichen setzte der VdK auf Bundesebene mit seinem „Parlament der Kriegsopfer und Sozialrentner" am 16. Februar 1977 in der Stadthalle zu Bonn-Bad Godesberg den Rentenabbauplänen der Bundesregierung. Einmütig verurteilten 1 400 Delegierte, davon viele Delegierte aus dem Landesverband Niedersachsen-Bremen, die Absicht der Bonner Politiker, die Lasten der wirtschaftlichen Rezession vor allem auf die Schultern der Rentnerinnen und Rentner und Kriegsopfer abzuwälzen. Die anwesenden Sprecher des Bundesarbeitsministeriums und der Bundestagsfraktion von SPD, FDP und CDU/CSU bekamen den ganzen Zorn und den Widerstandswillen des VdK zu spüren, als sie versuchten, die angebliche Notwendigkeit einschneidender Sparmaßnahmen zu begründen. Eine „Aktionsgemeinschaft auf Zeit" mit zehn weiteren Sozialverbänden wurde noch an diesem Tag vom VdK ins Leben gerufen.

Direkte Kontakte nahm der VdK-Landesverbandsvorstand mit den Regierungen in Hannover und Bremen auf. Der VdK übersandte zunächst am 10. Februar 1977 Ministerpräsident Dr. Ernst Albrecht und dem Präsidenten des Bremer Senats Hans Koschnik seine Stellungnahme zum Regierungsentwurf. Beide Bundesländer sollten über den Bundesrat verhindern, dass das bereits von der Bundesregierung inzwischen verabschiedete 20. Rentenanpassungsgesetz und das Kostendämpfungsgesetz im Gesundheitswesen sowie das 9. Anpassungsgesetz in der Kriegsopferversorgung in dieser Form wirksam wird.

Wenige Tage später, am 24. Februar 1977,

hatte der VdK Gelegenheit, in der Anhörung dem Niedersächsischen Sozialminister Hermann Schnipkoweit die Konzeption des VdK vorzutragen. Besonderer Wert wurde auf die Beibehaltung der Rentenreform gelegt.
Dank der intensiven Bemühungen des VdK lehnten am 2. März 1977 die zuständigen Ausschüsse des Bundesrats den Bonner Regierungsplan ab. Der Bundesrat beantragte die Beibehaltung der bruttolohnbezogenen dynamischen Rentenanpassung.

500 Aufklärungs- und Protestkundgebungen

In dem Hin und Her um ein sozial ausgewogenes Rentenkonzept hatte der VdK Landesverband Niedersachsen-Bremen in der Zeit vom 23. Januar 1977 bis zum 31. März 1977 bereits 500 Aufklärungs- und Protestaktionen durchgeführt. Da das Gesetzgebungsverfahren zu diesem Zeitpunkt bereits im Deutschen Bundestag lief und die Beratungen zügig vorangeschritten waren, leitete der VdK-Landes-

Kundgebung 1977 mit neun in der „Aktionsgemeinschaft auf Zeit" zusammengeschlossenen Sozialverbänden.

Stets dabei waren in Bonn starke Delegationen aus dem VdK-Landesverband Niedersachsen-Bremen, wenn es darum ging, für das soziale Recht einzutreten.

verband weitere Maßnahmen ein, um für eine richtige Weichenstellung zu sorgen. Diese Protestwelle, die auch in den übrigen VdK-Landesverbänden auf Hochtouren lief, erreichte am 19. April 1977 mit einer gemeinsamen Großkundgebung in Bonn ihren Höhepunkt.

Bundestag trifft Entscheidung

Der Bundestag hatte am 13. Mai 1977 in zweiter und dritter Lesung mit den Stimmen von SPD und FDP das von der Bundesregierung vorgelegte „Rentenpaket" verabschiedet. Mit dieser parlamentarischen Entscheidung bereitete Bonn dem bewährten Generationenvertrag in der gesetzlichen Rentenversicherung nach VdK-Auffassung „ein Staatsbegräbnis erster Klasse". Die 11,5 Millionen Kriegsopfer in der Bundesrepublik sollten von nun an einseitig belastet werden. Alle Argumente und Proteste gegen die Rentenpolitik hatten die verantwortlichen politischen Mandatsträger der sozialliberalen Koalition leichtfertig in den Wind geschlagen. Die CDU/CSU- regierten Bundesländer, auch die in Niedersachsen und dem Saarland mit der FDP koalierenden Unionsländer hatten über den Bundesrat bis zuletzt ihren Widerstand hiergegen aufrechterhalten.

VdK gibt sich nicht zufrieden

Wenngleich Regierung und Bundestagsmehrheit mit dem 20. Rentenanpassungsgesetz und dem Kostendämpfungsgesetz im Gesundheitswesen bereits die Weichen für die Zukunft entsprechend gestellt hatten, bestand doch die Möglichkeit, spätestens, wenn die Beratungen für das 21. Rentenanpassungsgesetz und 10. Anpassungsgesetz in der Kriegsopferversorgung beginnen, Änderungen zugunsten der Betroffenen zu erzielen. Unter diesem Aspekt hatte der VdK niemals ein Hehl daraus gemacht, schon zu Beginn des Jahres 1978 erneut den Kampf gegen die nettolohnbezogene Rentenanpassung sowohl in der Sozialversicherung als auch in der Kriegsopferversorgung wieder aufnehmen zu wollen. Noch am 28. Juni 1977 unterbreitete das VdK-Präsidium dem Bundesminister für Arbeit und Sozialordnung Vorschläge für ein 4. Neuordnungsgesetz. Da die nächste Rentenanpassung auf den 1. Januar 1979 verschoben wurde, sollten die hierdurch erzielten Einsparungen in Höhe von 425 Millionen DM nach Auffassung des VdK für strukturelle Verbesserungen des Kriegsopferrechts voll verwendet werden.

Am 11. August 1977 hatte eine Delegation des VdK-Landesverbandsvorstands in Bremen Gelegenheit, dem Senator für Soziales, vertreten durch Senatsdirektor Klaus Pietsch, die VdK-Vorschläge eingehend zu erläutern. Hierbei wurde insbesondere eine Reform der Kriegsopferfürsorge und eine bessere Regelung beim Berufsschadensausgleich erörtert. Ebenfalls stand die Witwen- und Waisenbeihilfeversorgung im Mittelpunkt dieses Gesprächs.

Hauptfürsorgestellen für VdK-Konzept

Der „Arbeitsausschuss Kriegsopferfürsorge" der Arbeitsgemeinschaft der Deutschen Hauptfürsorgestellen tagte im November 1977 unter Leitung ihres Vorsitzenden, Landesrat Karl Neubert, Kassel, in der Geschäftsstelle des VdK-Landesverbands Niedersachsen-Bremen in Oldenburg. In seinem Grußwort an die Vertreter der einzelnen Hauptfürsorgestellen verwahrte sich VdK-Landesverbandsgeschäftsführer Karl Schenkendorf gegen falsche Argumente des Bundesarbeitsministeriums. An die Adresse des anwesenden Vertreters des Bundesministeriums für Arbeit und Sozialordnung, Dr. Hoyer, gerichtet, sagte Karl Schenkendorf: „Diese Art der Berichterstattung aus Regierungskreisen kommt mir vor, als habe das Motto ‚Haltet den Dieb' dabei Pate gestanden".

Für den VdK könne er aus den Erfahrungen der letzten Schulungstagungen nur sagen, dass die Änderungen der Erholungsfürsorgevorschrift für den Rückgang der Zahl der Erholungssuchenden verantwortlich zu machen sei. Auch würden die Anspruchsberechtigten durch die Art und Weise, wie die örtlichen Behörden mit dem Personenkreis der Kriegsopfer umgingen, verschreckt. Leider würden die Menschen heute lieber auf Kriegsopferfürsorgemaßnahmen verzichten, als in den Amtsstuben wie Bettler dazustehen. Durch das Älterwerden der Kriegsopfer, die Masse war damals 60 Jahre und älter, hatte sich nach den Worten von Landesrat Neubert eine ganz andere Bedarfssituation ergeben.

Deshalb müsse das Leistungsrecht der Kriegsopferfürsorge dringend fortgeschrieben werden. Als Tagungsergebnis nannte Neubert drei wesentliche Punkte, die teilweise mit dem 10. Anpassungsgesetz ab 1. Januar 1989 verwirklicht wurden:

- Das Leistungsrecht der Kriegsopferfürsorge muss verständlicher werden.
- Die zu engen Maßstäbe bei der Prüfung der wirtschaftlichen Verhältnisse sind zu erweitern.
- Die Verwaltung hat übersichtlicher zu werden, damit die Kriegsopferfürsorgeleistung unmittelbar an den Bürger weitergegeben werden kann.

Ebenfalls befassten sich die Vertreter der Hauptfürsorgestellen mit den negativen Auswirkungen des Haushaltsstrukturgesetzes auf die Bereiche Erholungs- und Wohnungsfürsorge. Man war sich einig, dass die Kürzungsmaßnahmen schrittweise wieder aufgehoben werden müssen.

Vor neuen Entscheidungen

Da die Bundesregierung spätestens mit der Vorlage des Sozialberichts 1978 und den Beratungen über das 21. Rentenanpassungsgesetz bekannt geben wollte, welche weiteren Abstri-

Bundesarbeitsminister Dr. Herbert Ehrenberg 1978 während seiner Rede auf dem 8. Bundesverbandstag des VdK Deutschland vom 8. bis 10. Juni 1978 in der Stadthalle in Bremen.

Stellten sich zum Abschluss des 8. Bundesverbandstags des VdK Deutschland in Bremen der Presse: Ernst Walthemathe (SPD-MdB), VdK-Vizepräsident Ludwig Hönle, Bundesarbeitsminister Dr. Herbert Ehrenberg, VdK-Präsident Karl Weishäupl, Hans-Heinrich Schmidt-Kempten (FDP-MdB) und der Bremer Senator für Arbeit und Soziales, Bürgermeister Dr. Walter Franke (von links).

che im sozialen Bereichsplan vorgesehen sind, war der VdK bereits bei Jahresbeginn 1978 auf Kampf- und Abwehrmaßnahmen eingestellt. Für das Jahr 1977 konnte der VdK-Landesverband Niedersachsen-Bremen allein 650 Protestaktionen verbuchen.

Da das Rentenloch trotz der Sanierungsmaßnahmen immer größer zu werden drohte, kündigte die Bundesregierung sodann auch an, die Renten ab 1. Januar 1979 nur um 4,5 Prozent und in den beiden folgenden Jahren um jeweils 4 Prozent zu erhöhen. Die Rentnerinnen und Rentner, ohnehin schon durch die Rezeptgebühr von 1 DM pro verordnetes Medikament zusätzlich finanziell belastet, sollten vorerst keinen Beitrag zur Krankenversicherung zahlen. Die aktiven Arbeitnehmerinnen und Arbeitnehmer sollten zunächst keine höheren Beiträge zur Rentenversicherung zahlen.

Mit dem 20. Rentenanpassungsgesetz (ab 1. Juli 1977) wurde der Bundestag aufgefordert, sich bei den Vorbereitungen eines 21. Rentenanpassungsgesetzes erneut mit der Frage zu befassen, ob an der bruttolohnbezogenen dynamischen Rentenanpassung festgehalten werden soll oder die nettolohnbezogene Rentenanpassung zumindest in den darauffolgenden drei Jahren als Grundlage für die Höhe der Rentenberechnung anzuwenden ist.

Die Spitzenpolitiker von SPD und FDP waren der Auffassung, die Rentensanierung sei nur noch mit drastischen Eingriffen in das Rentenrecht zu sichern. Beide Parteien erklärten sich nicht bereit, von einer einseitigen Belastung der Renten Abstand zu nehmen. Anstatt eine Erhöhung der Versicherungsbeiträge der aktiven Arbeitnehmerinnen und Arbeitnehmer vorzunehmen, waren sie gewillt, dafür die geltende bruttolohnbezogene Rentenformel bedenkenlos über Bord zu werfen. Die Sanierungspläne von Bundesarbeitsminister Dr. Herbert Ehrenberg waren darauf ausgerichtet, eine Finanzlücke in der gesetzlichen Rentenversicherung von etwa 32 Milliarden DM bis zum Jahre 1982 zu schließen.

Im Gegensatz zu Ehrenberg, der den Rentnerinnen und Rentnern „lediglich" für die nächsten drei Jahre geringere Erhöhungen als nach dem geltenden Recht gewähren wollte, um dann zur bruttolohnbezogenen dynamischen Rentenanpassung wieder zurückzukehren, setzte Bundeskanzler Schmidt und der FDP-Bundeswirtschaftsminister Otto Graf Lambsdorff durch, dass diese Anhebung nur unter bestimmten Bedingungen garantiert werden konnte. Danach sollte der Zuwachs der Renten in den Folgejahren nicht nur auf feste Prozentsätze gekürzt werden. Lambsdorff wollte mit seiner sogenannten Risikoabsicherungsklausel erreichen, Tür und Tor geöffnet zu bekommen, um gegebenenfalls die Rentenerhöhung noch weiter drosseln zu können.

Nicht einmal der Sozialbeirat der Bundesregierung unter Vorsitz von Prof. Helmut Meinhold hielt etwas davon, in Abweichung von der geltenden Rentenformel die Sozialrenten ab 1. Januar 1979 anstatt um 7,2 Prozent nur um 4,5 Prozent aufzubessern. Nach Ansicht des Sozialbeirats sollte vielmehr an der bruttolohnbezogenen dynamischen Rentenan-

Ein Teil der Niedersachsen-Bremen-Delegation auf dem 8. Bundesverbandstag 1978 in der Stadthalle Bremen.

passung festgehalten werden, Gleichzeitig könnte ein allgemeiner Krankenversicherungsbeitrag der Rentner eingeführt und die Beiträge zur Rentenversicherung heraufgesetzt werden.

Vor diesem politischen Hintergrund entflammte erneut der Kampf der Sozialverbände mit der Bundesregierung und der sie tragenden Parteien. Zunächst hatten die Spitzengremien des VdK in einem Gespräch mit Bundesarbeitsminister Dr. Ehrenberg und dem VdK-Landesverbandsvorstand in direkten Kontakten mit den Regierungen in Hannover und Bremen die Vorschläge mitgliederstarken Kriegsopfer- und Rentnerverbands zur Kenntnis gegeben. Offensichtlich stieß der VdK bei den Regierungspolitikern in Bonn und auch bei der SPD-FDP Bundestagskoalition auf taube Ohren.

Es folgten weitere Protestaktionen im Interesse der VdK-Mitglieder.

Als sozialpolitischer Interessenverband wirkte der VdK nachdrücklich auch weiterhin in den 1980er und den 1990er Jahren, auch wenn die Mitgliederzahl in Niedersachsen und Bremen zunächst merklich zurückging.

VdK-Mitgliederentwicklung in Niedersachsen-Bremen 1949 bis 2009

Voraussetzung für den Erfolg des VdK Niedersachsen-Bremen ist seine Mitgliederstärke. Anders als Gewerkschaften oder politische Parteien kann der VdK auf ein starkes, kontinuierliches Wachstum zurückblicken und genießt weiterhin einen großen Rückhalt in der

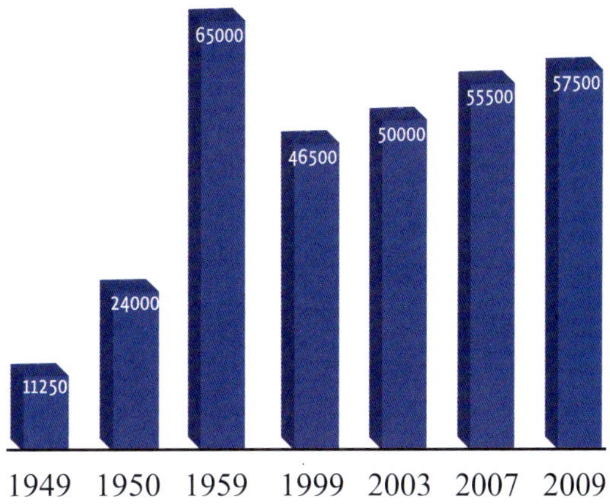

Grafik der Mitgliederentwicklung 1949 bis 2009

norddeutschen Bevölkerung. Durch seine Größe wurde der VdK ein ernstzunehmender gesellschaftspolitischer Faktor, ein Interessenverband, der nachhaltig Druck auf Politik und Behörden ausüben kann. Bereits im Gründungsjahr 1949 zählte der VdK Niedersachsen-Bremen 11 250 Mitglieder. Ein Jahr später hatte sich die Größe der Mitgliedschaft mit rund 24 000 bereits mehr als verdoppelt. Den bis dahin höchsten Stand an Mitgliedern erreichte der Verband im Jahr 1959 mit 65 000 Mitgliedern.

Die folgenden Jahrzehnte bis zum neuen Jahrtausend waren geprägt von einem Generationswechsel in der Mitgliedschaft. Die vielen Sterbefälle konnten durch Neuaufnahmen nicht mehr aufgefangen werden. Infolgedessen fiel die Mitgliedschaft bis ins Jahr 2000 unter 50 000 ab. Mit einer Neuausrichtung des VdK auf die Belange breiter Bevölkerungsgruppen bot der Verband allen Bürgerinnen und Bürgern sozialrechtliche Beratung und Vertretung vor Gerichten an. Folglich änderte sich der VdK von einem Verband der Kriegsbeschädigten und

Verwitweten zu einem Verband der jüngeren und älteren Menschen mit Behinderung, chronisch Kranken, Rentnerinnen und Rentner sowie Arbeitnehmerinnen und Arbeitnehmer. Dieser Veränderungsprozess führte zu einer kontinuierlichen Verjüngung. Deshalb wurde der Verband Mitte der 1990er Jahre in Sozialverband VdK umbenannt. Die Abkürzung „VdK" wurde als Hinweis auf den geschichtlichen Ursprung und als Markenzeichen beibehalten.

Manfred Hüniken folgt auf Karl Heinz Lasrich: Wechsel im Landesverbandsvorsitz 1998

Im Sommer 1998 legte Professor Karl Heinz Lasrich aus gesundheitlichen Gründen sein Amt als Landesverbandsvorsitzender des Sozialverbands VdK Niedersachsen-Bremen nieder. Die Delegierten der Landesverbandskonferenz 1998 in Walsrode wählten Lasrich wegen seiner Verdienste um den VdK zum Ehrenvorsitzenden. Er war in der Nachfolge von Georg Niemeyer (1949 bis 1970) und Paul Friedrich (1970 bis 1984) seit 1984 Landesverbandsvorsitzender und hat die Entwicklung des VdK vom Kriegsopferverband zu einem modernen Sozialverband insbesondere durch Personalverjüngung maßgeblich beeinflusst.

Zum neuen amtierenden Landesverbandsvorsitzenden berief der Landesverbandsvorstand aus seinen Reihen den bisherigen Stellvertreter Lasrichs, Manfred Hüniken aus Westerstede, VdK-Kreisvorsitzender im Ammerland und ehemaliger Bürgermeister der Kreisstadt Westerstede. Die folgenden Landesverbandstage in den Jahren 2000 und 2004 bestätigten Hüniken

1998 übernahm Manfred Hüniken (links) den VdK-Landesverbandsvorsitz von Professor Karl Heinz Lasrich (rechts, im Rollstuhl). Die Vorstandsmitglieder Anton von Garrel und Hermann Weinbrenner (Zweiter und Dritter von links) überreichten Lasrich die Ernennungsurkunde zum Ehrenvorsitzenden.

jeweils mit großer Mehrheit in diesem Amt. Er initiierte regelmäßige VdK-Regionalkonferenzen zum Erfahrungsaustausch und zur Schulung der Orts- und Kreisverbände. Auch durch den forcierten Einsatz von Faltblättern und weiteren Informationsmaterialien zur Selbstdarstellung der Verbandsstufen sorgte er für die Einführung einer kontinuierlichen VdK-Öffentlichkeitsarbeit in Niedersachsen und Bremen. Dadurch und durch die kompetente sozialrechtliche Beratung aller Bürgerinnen und Bürger und deren Vertretung vor Behörden und Gerichten durch zum Teil neu eingestellte VdK-Juristinnen und VdK-Juristen sowie eine verstärkte Motivation zur ehrenamtlichen Mitarbeit konnte der in den 70er und 80er Jahren des vorigen Jahrhunderts eingetretene negative oder stagnierende Mitgliedertrend wieder in die positive Richtung gedreht werden. Zum Ende von Hünikens Amtszeit war die Mitgliederzahl wieder auf über 55 000 angestiegen, darunter viele jüngere und ältere Menschen mit Behinderung, chronisch Kranke, Rentnerinnen und Rentner sowie Arbeitnehmerinnen und Arbeitnehmer.

Die Niedersächsische Sozialministerin Heidi Merk, VdK-Landesvorsitzender Manfred Hüniken und VdK-Präsident Walter Hirrlinger (von rechts) beim Festakt zum 50jährigen Bestehen des VdK Niedersachsen-Bremen im Jahr 1999.

50 Jahre Sozialverband VdK Niedersachsen-Bremen: Festakt 1999 in Oldenburg

In seiner Festrede anlässlich des fünfzigjährigen Bestehens des Sozialverbands VdK Niedersachsen-Bremen plädierte im Jahr 1999 der damalige VdK-Präsident Walter Hirrlinger vor etwa 4000 VdK-Mitgliedern und prominenten Ehrengästen in der Weser-Ems-Halle Oldenburg für eine langfristig angelegte Gesundheitspolitik: „Es hilft nichts, immer wieder Kostendämpfungsgesetze zu erlassen, die nach kurzer Zeit neue Probleme bringen. Vor allem gilt dies für Prävention und Rehabilitation, die in den letzten Jahren zu stark vernachlässigt worden sind.“ Grußworte sprachen die stellvertretende Ministerpräsidentin des Landes Niedersachsen und Ministerin für Frauen, Arbeit und Soziales, Heidrun Merk, die Bremer Senatorin für Frauen, Gesundheit, Jugend, Soziales und Umweltschutz, Christine Wischer sowie der Vorsitzende der CDU-Fraktion im Niedersächsischen Landtag und Vorsitzende der CDU Niedersachsen, Christian Wulff. Da die Vorsitzende der Fraktion Bündnis 90/Die Grünen im Niedersächsischen Landtag, Rebecca Harms, durch einen Grünen-Landesparteitag verhindert war, wurde ihr Grußwort von der Oldenburger Grünen-Politikerin Else Stolze verlesen. Als „Vorkämpfer für soziale Gerechtigkeit, der den Politikern

4000 Mitglieder und Gäste füllten anlässlich der 50-Jahr-Feier die Weser-Ems-Halle in Oldenburg.

Eine rasante Musical-Show mit internationalen Stars löste bei den Zuschauerinnen und Zuschauern Begeisterungsstürme aus.

manches in Stammbuch geschrieben hat", lobte Christian Wulff den VdK. Christine Wischer rühmte „vorbildliches Engagement, überparteiliche sowie kompetente und verlässliche Beratung für benachteiligte Menschen". Ihre Partei schätze die „Konsequenz und Hartnäckigkeit" der Interessenvertretung für Schwerbehinderte und Rentner, sagte Else Stolze auch im Namen von Rebecca Harms.

Als Show-Programm folgte eine „Musical-Night" mit Höhepunkten aus den beliebtesten Musicals der Welt. Internationale Stars boten Ausschnitte aus „Cats", „Phantom der Oper", „West Side Story", „Cabaret", „Die Schöne und das Biest", „Hair", „Miss Saigon", „Evita" und weiteren. Das Publikum dankte mit „standing ovations".

VdK-Aktionen in Niedersachsen-Bremen von 2003 bis 2008

Plakat-Aktion „50 +" provoziert

Im Jahr 2003 machte der Sozialverband VdK Deutschland mit einer großen bundesweiten Plakat-Kampagne auch in Niedersachsen-Bremen auf den Missstand aufmerksam, dass mehr als die Hälfte aller Betriebe in Deutschland keine über 50-Jährigen beschäftigt. Vom 6. Juni bis zum 7. Juli 2003 waren in ganz Deutschland Großflächenplakate und sogenannte „City-Light"-Poster des Sozialverbands VdK zu sehen. Mit dieser bundesweiten Plakataktion wollte der Sozialverband VdK auf die schlechten Beschäftigungschancen älterer Arbeitnehmerinnen und Arbeitnehmer aufmerksam machen. Die Plakatmotive sollten Arbeitgeber, Politiker und die gesamte Bevölkerung provozieren, aufrütteln, nachdenklich machen und für das Problem sensibilisieren. Hintergrund der Aktion: Fast 60 Prozent aller Betriebe in Deutschland beschäftigten keine über 50-Jährigen. Diese alarmierende Statistik hatte das Institut für Arbeitsmarkt- und Berufsforschung (IAB) der Bundesanstalt für Arbeit in Nürnberg im Jahr 2002 veröffentlicht. Schon Jahre zuvor galten arbeitslose Arbeitnehmerinnen und Arbeitnehmer über 45 als schwer vermittelbar. Diese Tendenz hatte sich durch die Konjunkturflaute und die gestiegene Arbeitslosigkeit weiter verstärkt. In manchen Branchen, wie zum Beispiel in der Werbung oder in IT-Berufen gehörte man schon mit 35 zum „alten Eisen". Es gibt Untersuchun-

gen, die klar belegen, dass ältere Arbeitnehmerinnen und Arbeitnehmer nicht weniger leistungsfähig, innovationsfreudig und lernwillig sind als jüngere. Darüber hinaus zeichnen sie sich in der Regel durch Einfühlungsvermögen, Entschlusskraft, Erfahrungswissen, Weitblick und Gelassenheit aus – alles Eigenschaften, auf die ein Firmenchef gerade in Krisenzeiten nicht verzichten kann.

Gesponsert wurde die Aktion vom Fachverband Außenwerbung (FAW) in Frankfurt, der die Idee und die graphische Umsetzung als besonders gelungen und damit unterstützenswert fand. Die zwei Plakatmotive entstanden in der Grafikabteilung des Sozialverbands VdK Bayern unter dem Dach der Selbsthilfefirma Pandora gGmbH in Nürnberg, die auch Menschen mit psychischer Behinderung beschäftigt.

Protestveranstaltung „Mit uns nicht!“

Hüniken: „Wir fordern eine gerechte Verteilung der Lasten auf alle“

„Wir wollen keine Abzocke der sozial Schwachen, besonders der Rentnerinnen und Rentner, der Chronisch Kranken, der Menschen mit Behinderung und der Pflegebedürftigen, der Arbeitslosen und der älteren Menschen“. Mit diesen Worten brachte VdK-Landesverbandsvorsitzender Manfred Hüniken den Unmut von 3000 Demonstrantinnen und Demonstranten auf dem Bremer Marktplatz zum Ausdruck. Der Sozialverband VdK Niedersachsen-Bremen hatte alle Mitglieder in den Kreis- und Ortsverbänden sowie die Öffentlichkeit zu einer Protestveranstaltung gegen Sozialabbau am 29. März 2004 in der Freien Hansestadt Bremen aufgerufen.

Mitmachen konnten alle, die verärgert, empört und entsetzt waren über die Auswirkungen der Gesundheitsreform und über die Rentenkürzungen. Unter dem Motto „Mit uns nicht!“ führte zunächst ein eindrucksvoller Demonstrationszug mit vielen Protestplakaten und Spruchbändern vom Weserstadion durch die Bremer Innenstadt zum Marktplatz am Rathaus. Dort folgte eine zentrale Protestkundgebung mit den Rednern Manfred Hüniken, Landesverbandsvorsitzender Sozialverband VdK Niedersachsen-Bremen, Cornelia Rundt, Vorstand Paritätischer Niedersachsen und Karl Finke, Behindertenbeauftragter des Landes Niedersachsen. Die Begrüßung und das Schlusswort übernahmen die stellvertretenden VdK-Landesverbandsvorsitzenden Hans-Jürgen Klose und Renate von der Wöste. Liedermacher Peter Wotaka umrahmte die Veranstaltung musikalisch durch einige Protestlieder und übernahm auch die Moderation.

„In welchem Land, in welchem Staat, in welcher Zeit leben wir eigentlich? Ist das denn noch zu begreifen und zu ertragen?“, rief Manfred Hüniken der Menge zu, nachdem er den Fall einer Witwe geschildert hatte, die mit ihrer verbliebenen Rente nicht mehr zurechtkam. Sie musste deshalb Sozialhilfe bzw. die Grundsicherung beantragen und letzten Endes dafür ihr Einfamilienhaus, welches sie mit ihrem Mann in der schweren Zeit nach dem Krieg zusammengespart und inzwischen lastenfrei hatte, dem Sozialamt, dem Staat also, übertragen. Hüniken: „Das ist nun, ohne jede

3000 Demonstranten brachten am 29. März 2004 in Bremen ihren Unmut zum Ausdruck.

eigene Schuld, das Ende eines arbeits- und entbehrungsreichen Lebens. Diese Witwe hatte sich auf die immer wiederholten Aussagen der Bundesregierungen verlassen, dass ihr Lebensabend im eigenen Haus gesichert sei."

Der Sozialverband VdK kämpfe für den Sozialstaat, so der Landesverbandsvorsitzende: *„Wir treten für soziale Gerechtigkeit ein, die alle miteinschließt und alle in die Pflicht nimmt und nicht etwa nur die Rentner, die Sozialversicherten, die Kranken und die behinderten Menschen, die Alten, die diese Bundesrepublik aus Schutt und Asche, aus Verzweiflung und Not, aufgebaut haben."*

Sowohl die Bundesregierung als auch die Opposition habe in den letzten Jahren auf ganzer Linie versagt. Keine der Maßnahmen, die den Bürgern immer wieder als Wundermittel und Jahrhundertreform zugemutet wurden, habe gegriffen und zu einer Besserung geführt, im Gegenteil sei es Jahr für Jahr immer schlimmer geworden, kritisierte Hüniken und rief unter dem Beifall der Demonstranten den verantwortlichen Politikern zu: *„Wir wehren uns gemeinsam gegen die Entsolidarisierung unserer Bevölkerung, gegen den bodenlosen Unsinn des Generationenkonflikts, der uns von allen Seiten eingeredet wird, gegen soziale Ungerechtigkeit und gegen die Abkehr von sozialer Verantwortung und Solidarität. Wir fordern eine gerechte Verteilung der Lasten auf alle Schultern"*.

Hüniken betonte, dass die Menschen keine politischen Versprechungen mehr hören wollen, die meistens nur kurze Zeit Gültigkeit haben: *„Wir fordern soziale Gerechtigkeit, gesell-*

schaftlich sozial ausgewogene Reformen, Arbeits- und Ausbildungsplätze für Arbeit suchende Menschen und wir fordern, dass alle gesellschaftlichen Gruppen durch Opfer und Verzicht, durch höhere Anstrengungen und Leistungsbereitschaft an der Gesundung unserer Volkswirtschaft mitwirken."

Damit jeder Einzelne auch persönlich etwas tun kann, wurde abschließend noch einmal auf die Postkartenaktion „Mit mir nicht!" hingewiesen. Die Postkarte enthielt folgenden persönlichen Text an Bundeskanzler Gerhard Schröder: *„Ich bin Bürger dieses Landes und zahle Beiträge in die Sozialversicherungssysteme ein. Das, was Ihre Bundesregierung mit dem Gesundheitsmodernisierungsgesetz aufgestellt hat, betrachte ich als eine Unverschämtheit. Sie belasten die Menschen mit höheren Zuzahlungen bei Arztbesuchen und Medikamenten. Sie fordern den vollen Krankenversicherungsbeitrag bei Zusatzversorgungssystemen, obwohl gleichzeitig für die Riester-Rente geworben wird. Sie muten mir zu, ab 1. April den Beitrag zur Pflegeversicherung allein zu bezahlen. Sie erwarten, dass ich mit der Aussetzung der Rentenanpassung 2004 einverstanden bin. Sie haben es versäumt, die Gesamtbelastungen der Menschen zu berücksichtigen und Vertrauensschutzregelungen einzuführen. Sie lassen zu, dass die Definition für chronisch kranke Menschen keine Befreiung von Medikamentenzuzahlungen ermöglicht. Ich kann das nicht mittragen und bin damit nicht einverstanden"*

Die Bremer VdK-Demonstration fand hohe Medienaufmerksamkeit in Presse, Hörfunk und Fernsehen. Unter anderem begleiteten ein Übertragungswagen von Radio Bremen und ein Aufnahmeteam vom NDR-Fernsehen für die Sendung „Markt im Dritten" die Veranstaltung.

Durchbruch beim niedersächsischen Landesblindengeld

Die blinden Menschen in Niedersachsen konnten aufatmen. Unter Führung des Blinden- und Sehbehindertenverbands Niedersachsen (BVN) war es dem VdK Niedersachsen-Bremen gemeinsam mit rund 40 anderen Bündnispartnern nach fast zweijährigen massiven Bemühungen gelungen, die Streichung des Blindengeldes rückgängig zu machen.

Angesichts des massiven und auf breiter Front vorgetragenen Protests musste die Niedersächsische Landesregierung von der Streichung des Landesblindengeldes Abstand nehmen. Am 23. Mai 2006 beschloss die Landesregierung, wieder ein einkommens- und vermögensunabhängiges Landesblindengeld ab 2007 zu zahlen.

Nur durch gemeinsames, solidarisches Handeln mit einer großen Zahl anderer Verbände und Organisationen war es möglich, die Streichung einer für die Betroffenen unabdingbaren Leistung zu verhindern.

Beteiligt an den Bemühungen und somit auch am Erfolg waren auch hier viele ehrenamtliche Mitarbeiterinnen und Mitarbeiter in den Orts- und Kreisverbänden, die durch ihre Aktionen, das Anliegen in der Öffentlichkeit weiter bekannt gemacht und für eine breite Unterstützung gesorgt haben.

Der Behindertenbeauftragte des Landes Niedersachsen Karl Finke begrüßte den Mut der Sozialministerin, eine nicht zielführende Entscheidung zurückzunehmen und zum Prinzip gleicher Lebenschancen durch Ausgleich blindheitsbedingter Nachteile zurückzukehren. „Das ist eine historische und zukunftweisende Entscheidung in Hannover, die wesentlich auf das breite Bündnis mit Behinderten- und Sozialverbänden zurückzuführen ist", so Karl Finke.

Auch das Instrument des Volksbegehrens als politisches Korrektiv habe sich als demokratisches Instrument und wesentliches Element echter Bürgerbeteiligung bewährt. „Es wurde engagiert in ganz Niedersachsen gekämpft und Unterschriften wurden gesammelt, aber insbesondere war es eine Schulung in demokratischem und gesellschaftlichem Bewusstsein", sagte Finke.

Jedoch stieß die Wiedereinführung des Blindengeldes in Niedersachsen nicht nur auf positive Reaktionen. Der Bund der Steuerzahler hat die Kehrtwende der Landesregierung kritisiert. Wie

BVN-Geschäftsführer Hans-Werner Lange und Sozialministerin Mechthild Ross-Luttmann einigten sich 2006 auf die Wiedereinführung des Landesblindengeldes.

die Nordwest-Zeitung berichtete, halte der Verband die Wiedereinführung von Pauschalbeiträgen für alle Blinden angesichts der desolaten Finanzlage des Landes für nicht vertretbar.

Dagegen zeigte sich der BVN über die Entscheidung des einkommens- und vermögensunabhängigen Blindengeldes zunächst einmal erleichtert. „Die Beharrlichkeit und das breite Bündnis mit vielen gesellschaftlichen Kräften haben wohl den Ausschlag dafür gegeben, dass die Landesregierung die von allen Bündnispartnern von Beginn an geforderte ‚Rolle rückwärts' machen musste", sagte der BVN-Landesgeschäftsführer Hans-Werner Lange.

Mutter-Kind-Kuren werden zur Pflichtleistung der Krankenkassen

Der VdK-Landesverband Niedersachsen-Bremen wies zu Beginn des Jahres 2006 auf die Tatsache hin, dass bei den von den Krankenkassen gewährten Mutter-Kind-Kuren ein alarmierender Rückgang der Zahlen zu verzeichnen war.

Ursächlich für den Rückgang war die restriktive Gewährung der Kuren durch die Krankenkassen. Wenn überhaupt konnten die Mütter ihre Kuren erst im Widerspruchs- oder Klageverfahren durchsetzen. Einzelne Kassen hatten bis zu zwei Drittel der Anträge der Mütter abgelehnt. Die Hälfte der Mütter, die sich gegen die Entscheidung der Krankenkasse zur Wehr setzte, war erfolgreich.

In Schreiben an Politiker auf Landes- und Bundesebene und in Gesprächen, unter anderem mit Vertretern der AOK Niedersachsen wurde deutlich gemacht, dass Mütter einem enormen kör-

Ministerin von der Leyen lobte den Sozialverband VdK Niedersachsen-Bremen für sein Engagement zugunsten der Gesundheit von Frauen.

perlichen und seelischem Dauerstress ausgesetzt und dringend darauf angewiesen sind, gemeinsam mit ihren Kindern an stationären Vorsorge- und Rehabilitationsmaßnahmen teilzunehmen. Der VdK-Landesverband wies auch darauf hin, dass solche Kuren langfristig zu einer Senkung der Gesundheitskosten führen.

Nachdem es zu der drastischen Verschlechterung für die Mütter und ihre Kinder gekommen war und der VdK diesen Missstand aufgegriffen und publik gemacht hatte, wurden die gesetzlichen Bestimmungen geändert und die Mutter-Kind-Kuren ab 1. April 2007 zu einer Pflichtleistung der Krankenkassen gemacht.

Durch seine Arbeit hat der VdK-Landesverband mit dazu beigetragen, dass die Betroffenen die für sie notwendige Leistung von ihrer Krankenkasse erhalten.

Der Sozialverband VdK Niedersachsen-Bremen hat also wiederholt den massiven Rückgang bei Mutter-Kind-Kuren kritisiert und die Bundesregierung hat diese Kuren zur Pflichtleistung der Krankenkassen gemacht. Ministerin Ursula von der Leyen schrieb später an den VdK-Landesverband Niedersachsen-Bremen: *„Damit ist sichergestellt, dass der Zugang zu den Maßnahmen in Zukunft gerade auch der Zielgruppe der sozial und gesundheitlich besonders belasteten Frauen offensteht. Hierzu hat auch der Sozialverband VdK durch sein öffentlichkeitswirksames Engagement zugunsten der Gesundheit von Frauen einen wichtigen Beitrag geleistet."*

Unterschriftenaktion gegen volle Mehrwertsteuer auf Arzneimittel

Zu Beginn des Jahres 2007 hatte der VdK Landesverband sich der bundesweiten Unterschriftenaktion gegen den vollen Mehrwertsteuersatz auf Arzneimittel angeschlossen. Die Unterschriftenaktion zur Senkung der Mehrwertsteuer auf Arzneimittel hat im Bereich Niedersachsen-Bremen ein hervorragendes Ergebnis erzielt.

Bis zum 7. Mai 2007 gingen in der VdK-Landesverbandsgeschäftsstelle in Oldenburg rund 132 000 Unterschriften ein, darunter über 53 000 in Kooperation mit dem Landesapothekerverband Niedersachsen. Andere VdK-Unterschriftensammlungen in der Vergangenheit brachten in Niedersachsen-Bremen jeweils etwa 30 000 Unterschriften, sodass diese Zahl diesmal mehr als vervierfacht werden konnte.

Die größte Einzelsammlung kam aus dem Ortsverband Kirchweyhe, wo Johanna und Dietrich Seidel mit einigen weiteren Helfern über 5000 Unterschriften zusammenbekommen haben. Auf der Straße, auf Park- und Marktplätzen haben sie die Bürger angesprochen. Johanna Seidel: „In den meisten Fällen waren die Passanten sofort bereit zu unterschreiben, allerdings nicht alle. Ich habe mir da auch allerhand anhören müssen." Ausreden, wie: „Das betrifft mich nicht. Ich bin ja privat versichert", gab es viele.

Größte Einzelsammlung: Über 5000 Unterschriften lieferten Johanna und Dietrich Seidel vom Ortsverband Kirchweyhe in der Oldenburger VdK-Landesverbandsgeschäftsstelle ab.

VdK-Präsident Walter Hirrlinger und VdK-Vizepräsidentin Ulrike Mascher präsentierten stolz das großartige Ergebnis der bundesweiten VdK-Aktion: 2,3 Millionen Unterschriften.

Die große bundesweite Unterschriftenaktion zur Senkung der Mehrwertsteuer auf Arzneien hatte der VdK-Bundesverband im Januar 2007 gestartet. Alle VdK-Landesverbände mit ihren Kreis- und Ortsverbänden beteiligten sich bis Ende April 2007 daran.

„Die volle Mehrwertsteuer auf Medikamente und medizinische Hilfsmittel muss deutlich reduziert werden, um Versicherte und Patienten zu entlasten. Es ist älteren Menschen, chronisch Kranken und Menschen mit Behinderungen nicht zuzumuten, dass sie für Medikamente den vollen Mehrwertsteuersatz zahlen, auf Lebensmittel, Tierarzneien und Schnittblumen aber nur sieben Prozent. Viele Menschen sind auf Medikamente angewiesen wie auf das tägliche Brot", erklärte dazu der Vorsitzende des Sozialverbands VdK Niedersachsen-Bremen, Manfred Hüniken.

In fast allen europäischen Ländern werden Arzneimittel als lebenswichtige Produkte angesehen, auf die ein ermäßigter Mehrwertsteuersatz oder wie in Schweden und Großbritannien gar keine Mehrwertsteuer erhoben wird. Hüniken: *„Der volle Satz wird außer in Deutschland nur noch in Österreich, der Slowakei und Dänemark erhoben. Deutschland muss dem Vorbild nahezu aller EU-Länder fol-*

gen und den derzeitigen Mehrwertsteuersatz von 19 Prozent deutlich reduzieren. Bei einem Mehrwertsteuersatz von 19 Prozent werden die Gesetzliche Krankenversicherung und damit die Versicherten mit rund 800 Millionen Euro zusätzlich belastet.“

Alle eingegangenen Unterschriftenlisten wurden an den VdK-Bundesverband weitergeleitet, wo die bundesweite Aktion ausgewertet wurde.

Am 18. Juni 2007 wurden die zahlreichen Kartons mit den Unterschriftenlisten per LKW nach Berlin zum Bundeskanzleramt transportiert.

Dort wurden die gesammelten Unterschriften an Dr. Ulrich Roppel, Abteilungsleiter für Sozial-, Gesundheits-, Arbeitsmarkt-, Infrastruktur- und Gesellschaftspolitik im Bundeskanzleramt, übergeben.

Von Januar bis Ende April 2007 hatte der Sozialverband VdK bundesweit in allen Verbandsstufen 2,3 Millionen Unterschriften gesammelt, darunter allein 1,2 Millionen in Bayern.

Das große ehrenamtliche Engagement der VdK-Mitglieder sowie die aktive Unterstützung durch weitere Organisationen, Verbände und Institutionen wie beispielweise der Bundesvereinigung Deutscher Apothekerverbände (ABDA) trugen zum herausragenden Erfolg der Aktion bei.

Die Unterschriftenaktion fand auch in Niedersachsen und Bremen ein breites Echo in den Medien und wurde von vielen Verbänden, Organisationen und von der Politik mit großem Interesse verfolgt. Zwar konnte noch nicht erreicht werden, dass die Mehrwertsteuer auf Arzneimittel gesenkt wurde, aber viele verantwortliche Politikerinnen und Politiker wurden für das Problem sensibilisiert.

Über den Stand und die Ziele der VdK-Unterschriftenaktion zur Senkung der Mehrwertsteuer auf Arzneimittel sprach NDR-Radio Niedersachsen in der VdK-Kreisverbandsgeschäftsstelle Osterholz-Scharmbeck mit den Ehrenamtlichen (von links) Walter Dammann und Karl-Heinz Goerz sowie mit VdK-Rechtsschutzleiter Johannes Bonke.

Das Thema hat sich somit noch nicht erledigt, die berechtigte Forderung wird seitens des VdK weiterverfolgt.

Der Kampf um das Niedersächsische Gleichstellungsgesetz

Auf Bundesebene und in allen Bundesländern bis auf Niedersachsen gab es schon Gleichstellungsgesetze für Menschen mit Behinderung. Jahrelanges Bemühen hat schließlich auch in Niedersachsen zum Erfolg geführt.

Bereits im Jahre 2002 hatte die Landesregierung einen entsprechenden Gesetzentwurf vorgelegt. Dieser konnte aber nicht vom Landtag

beschlossen werden, da die Beratungen bis zur Neuwahl des Landtags nicht abgeschlossen waren.
Im Anschluss daran haben der Sozialverband VdK Niedersachsen-Bremen wie auch andere Behindertenverbände und der Landesbehindertenbeirat immer wieder ein längst überfälliges Gleichstellungsgesetz gefordert.
Im Januar 2007 legte die Landesregierung endlich einen von allen Interessierten mit Spannung erwarteten Gesetzentwurf vor. Dieser war so unzureichend, dass er bei allen Verbänden und Organisationen auf Empörung stieß. *„Mit großer Erwartung haben wir von dem Entwurf des Niedersächsischen Gesetzes zur Gleichstellung von Menschen mit Behinderung Kenntnis genommen. Umso mehr sind wir enttäuscht, dass der Gesetzentwurf seinen in Paragraf 1, Absatz 1, genannten Zielen in keiner Weise gerecht wird. Wiederholt haben SoVD und VdK auf die notwendigen und unverzichtbaren Inhalte eines Niedersächsischen Gleichstellungsgesetzes hingewiesen"*, hieß es in einer gemeinsamen Stellungnahme.
Kritisiert wurde, dass der Gesetzentwurf weit hinter dem Behindertengleichstellungsgesetz (BGG) des Bundes zurückblieb. Nach Auffassung der Sozialverbände kann Gleichstellung von Menschen mit Behinderung nur dann erreicht werden, wenn die entsprechenden Regelungen durchgehend von Bund über Land bis in die Kommunen Anwendung finden. Ein Landesgleichstellungsgesetz macht nur dann Sinn, wenn es diesen Erfordernissen gerecht wird. Für zwingend erforderlich gehalten wurde ebenso, dass die Landesregierung regelmäßig über die Umsetzung des Gesetzes berichten solle. Nur dann ist eine Überprüfung möglich, inwieweit die Ziele des Gesetzes umgesetzt wurden und inwieweit das Land seine Vorbildfunktion wahrnimmt.
Der VdK-Landesverband sah sich veranlasst wegen der grundsätzlichen Bedeutung eines Landesgleichstellungsgesetzes und dem nicht hinnehmbaren Entwurf zusammen mit anderen Behindertenverbänden das „Bündnis für ein Niedersächsisches Gesetz zur Gleichstellung von Menschen mit Behinderung" ins Leben zu rufen. Dieses Bündnis wurde am 8. Februar 2007 gegründet und ihm gehörten letztendlich 16 Verbände und Organisationen an.
Dem Sozialverband VdK Niedersachsen-Bremen wurde zusammen mit drei anderen Organisationen die Federführung für das Bündnis übertragen. Es wurde ein Positionspapier erarbeitet, das die massive Kritik am Gesetzentwurf deutlich machte und die Umsetzung der berechtigten Anliegen der Menschen mit Behinderung für ein Gleichstellungsgesetz einforderte.
Der VdK-Landesverband wandte sich an den Ministerpräsidenten und die Sozialministerin, um ein nicht ausreichendes Gesetz zu verhindern und um zu einer vernünftigen Lösung zu kommen.
Um die breite Ablehnung des Gesetzentwurfes zu verdeutlichen und um den Druck auf die Landesregierung zu erhöhen, entschloss sich der VdK-Landesverband gegenüber dem Sozialministerium eine gemeinsame Stellungnahme mit dem SoVD Niedersachsen abzugeben. Diese wurde am 27. Februar 2007 dem Ministerium zugeleitet.
Auch in der Landespressekonferenz im Nie-

Der stellvertretende VdK-Landesverbandsvorsitzende Hansjürgen Klose (rechts) trug die VdK-Kritik am Entwurf zum Gleichstellungsgesetz in der Landespressekonferenz Niedersachsen vor.

dersächsischen Landtag gab es am 9. März 2007 Gelegenheit, das Anliegen darzustellen und den Vertretern von Presse, Rundfunk und Fernsehen die Kritik und die Forderungen vorzutragen.

Die massiven Proteste des VdK-Landesverbands und der Bündnispartner führten zu einem Einlenken der Landesregierung. Am 9. Mai 2007 fand im Sozialministerium ein kurzfristig einberufenes Gespräch mit der Staatssekretärin statt. Hierbei wurde von der Staatssekretärin ein neuer Gesetzentwurf vorgelegt, der weitgehend die Verbandsforderungen erfüllte. Bereits einen Tag später wurde dem Sozialministerium signalisiert, dass die übrigen Teilnehmerinnen und Teilnehmer des Gesprächs den neuen Gesetzentwurf mittragen würden.

Im Zuge des Gesetzgebungsverfahrens nahm der VdK-Landesverband am 26. Juni 2007 auf Einladung des Landtagspräsidenten an der Anhörung zum dann offiziell vorliegenden Gesetzentwurf der Landesregierung vom 22. Mai 2007 teil. Auch hier wurde signalisiert, dass der Entwurf mitgetragen würde, wenngleich es noch Ergänzungswünsche gäbe.

Das Niedersächsische Gesetz zur Gleichstellung von Menschen mit Behinderung ist am 1. Januar 2008 in Kraft getreten. Die langen und nicht nachlassenden Bemühungen des VdK-Landesverbands Niedersachsen-Bremen haben damit zum Erfolg geführt. Niedersachsen verfügt seitdem über ein gutes Gleichstellungsgesetz.

Die Erreichung des Landesgleichstellungsgesetzes stellt einen großen Erfolg des VdK-Landesverbands für die Menschen mit Behinderung in Niedersachsen dar.

Aktion gegen Armut

„Armut isoliert, Armut grenzt aus, Armut macht krank, Armut verbaut Bildungschancen!“ Mit einem landesweiten Aktionstag hat der Sozialverband VdK Niedersachsen-Bremen am 4. Oktober 2008 auf die Armut „Made in Germany“ eindringlich hingewiesen und Unterschriften gesammelt, mit denen die Verantwortlichen in Politik und Gesellschaft aufgefordert wurden, wirksame Maßnahmen gegen Armut zu beschließen und nachhaltig umzusetzen.

Der Sozialverband VdK stellt Deutschland ein Armutszeugnis aus: Armut wächst auch in Deutschland, betroffen sind alle Altersgruppen. VdK-Landesverbandsvorsitzende Ute Borchers-Siebrecht: „Immer mehr Familien können mit ihrem Einkommen nicht mehr auskommen, weil Löhne und Gehälter zurückgegangen sind und die Inflationsrate und Lebenshaltungskosten rapide ansteigen. Wer 2008 weniger als 880 Euro - also weniger als 60 Prozent des mittleren Nettoeinkommens - hat, gilt nach EU-Definition als armutsgefährdet.“

Mit dem Plakatmotiv „... und raus bist Du!“ wies der Sozialverband VdK darauf hin, dass bereits 2,5 Millionen Kinder in Deutschland in Armut leben. „Die jungen Armen von heute werden die alten Armen von morgen sein“,

VdK-Landesverbandsvorsitzende Ute Borchers-Siebrecht (Mitte, im hellen Mantel) sammelte selbst Unterschriften in Lüneburg, Hannover und Braunschweig.

sagte Borchers-Siebrecht. Wegen geringer Renten sind schon heute drei Millionen Rentner von Armut bedroht. „Endstation Armenküche?“, fragte das dazugehörige VdK-Plakat.

Denn auch zukünftige Rentner haben schlechte Aussichten: Langzeitarbeitslose, Minijobber und Arbeitnehmer mit geringem Einkommen werden auch im Alter eine niedrige Rente haben.

VdK-Landesverbandsvorsitzende Ute Borchers-Siebrecht erläuterte am 1. Oktober 2008 die Aktion vor der Landespressekonferenz Niedersachsen in Hannover.

Ehrenamtliche und hauptamtliche Mitarbeiterinnen und Mitarbeiter des VdK informierten über das Thema Armut und sammelten Unterschriften.

Unterschriftenübergabe an die Sozialministerin Mechthild Ross-Luttmann.

Am landesweiten Aktionstag am 4. Oktober 2008 beteiligten sich rund 50 Kreis- und Ortsverbände in Niedersachsen und Bremen mit Ständen an folgenden Standorten:

Achim, Aurich, Barßel, Braunschweig, Bremen, Buchholz, Bückeburg, Cloppenburg, Cuxhaven, Dalum, Dannenberg, Delmenhorst, Elisabethfehn, Emden, Esens, Faßberg, Gartow, Göttingen, Großenkneten, Hahn-Lehmden, Hameln, Hannover, Haren, Hitzacker, Hude, Huntlosen, Kirchhatten, Leer, Lindern, Lingen, Lüchow, Lüneburg, Munster, Nörten-Hardenberg, Norden, Oldenburg, Osnabrück, Osterholz-Scharmbeck, Stadthagen, Uelze, Vechta, Victorbur, Walsrode, Wildeshausen, Wilhelmshaven, Wittorf (Rotenburg), Zernien.

Bei der Unterschriftensammlung kamen innerhalb weniger Stunden an etwa 50 VdK-Info-Ständen mehr als 25 000 Unterschriften zusammen, im Durchschnitt also rund 500 pro Standort. VdK-Landesverbandsvorsitzende Ute Borchers-Siebrecht übergab zusammen mit betroffenen Hartz-IV-Empfängern, Mitgliedern des Verbandsvorstands und allen niedersächsischen VdK-Kreisvorsitzenden die Unterschriften vor dem Sozialministerium an Sozialministerin Mechthild Ross-Luttmann. Danach diskutierten die Beteiligten noch mit der Ministerin über das Thema Armut.

„Die Zahl der Unterschriften ist umso höher einzuschätzen, wenn man bedenkt, dass sie in einer zeitlich eng begrenzten, stichprobenartigen Aktion gesammelt wurden. Außerdem scheuen sich viele Menschen angesichts der aktuellen Datenmissbrauchsfälle, ihren Namen anzugeben oder zu unterschreiben. Dennoch ist eine große Zahl zusammengekom-

Vorstellung der Aktion gegen Armut in der Landespressekonferenz Niedersachsen in Hannover.

men, die aufrütteln sollte", sagte Borchers-Siebrecht. Die Verantwortlichen in Politik und Gesellschaft wurden damit aufgefordert, Konzepte zu entwickeln, um die Explosion einer sozial und gesellschaftlich tickenden Zeitbombe zu verhindern.

Nach der Sanierung 2007 erstrahlte die Oldenburger VdK-Landesverbandsgeschäftsstelle in neuem Glanz.

VdK-Landesverbandsgeschäftsstelle in Oldenburg

In neuem Glanz erstrahlte 2007 die VdK-Landesverbandsgeschäftsstelle in Oldenburg, in der auch einige VdK-Kreisgeschäftsstellen sowie eine VdK-Landesrechtsabteilung untergebracht sind.

In einer mehrmonatigen Sanierungs- und Renovierungsphase wurden die damals über dreißig Jahre alten, mangelhaft Kälte dämmenden Fenster erneuert. Das nicht mehr zu reparierende, undichte Flachdach wurde aufgestockt und die Außenwände wurden zusätzlich gedämmt. Die Energiekosten sollen damit im Rahmen gehalten werden. Durch den Dachausbau wurde zusätzlicher Raum geschaffen, um vorbereitet zu sein auf den weiter steigenden Beratungs- und Betreuungsbedarf.

Um die aktuellen Vorgaben für barrierefreies Bauen zu erfüllen, wurde auch die Behindertentoilette im Erdgeschoss saniert.

Gefördert wurde die Baumaßnahme durch Mittel der ARD-Fernsehlotterie „Ein Platz an der Sonne". Berücksichtigt wurde dabei insbesondere, dass die im Gebäude untergebrachten Sozialberatungsstellen 2007 rund 25 000 VdK-Mitglieder im Weser-Ems-Raum betreuten. Sozialrechtliche Antrags-, Widerspruchs- und Klageverfahren werden im Wesentlichen für behinderte, erkrankte, ältere und sozial benachteiligte Personen durchgeführt. In der ers-

Gefördert wurde die Umbaumaßnahme durch die ARD-Fernsehlotterie „Ein Platz an der Sonne".

Alte VdK-Geschäftsstelle in der Nikolausstraße 11

ten und zweiten Etage des Gebäudes befinden sich außerdem Sitzungssäle, die zum Beispiel für Versammlungen und Vortragsveranstaltungen genutzt werden.

Ein besonderer Dank galt den Mitarbeiterinnen und Mitarbeitern, die den laufenden Geschäftsbetrieb während der Abbruch- und Rohbauarbeiten sowie während des Innenausbaus trotz erheblicher Lärm- und Staubbelästigungen aufrechterhielten.

Hochwasser in den 1960er Jahren: Durchnässte Akten aus dem Kellerarchiv mussten mühsam getrocknet werden.

Mitarbeiterinnen und Mitarbeiter auf der Baustelle der neuen Landesverbandsgeschäftsstelle.

Richtfest mit Musik: Neubau der VdK-Geschäftsstelle in den 1970er Jahren.

Ute Borchers-Siebrecht ab 2008 neue VdK-Landesverbandsvorsitzende und ab 2010 Mitglied im VdK-Bundespräsidium

Bild unten:
Ute Borchers-Siebrecht (rechts), seit 2008 Landesvorsitzende des Sozialverbands VdK Niedersachsen-Bremen, wurde vom VdK-Bundesverbandstag 2010 in Berlin neben Präsidentin Ulrike Mascher (links) als neue Schriftführerin in das siebenköpfige Präsidium des VdK Deutschland gewählt. Im Mai 2014 wurde Borchers-Siebrecht vom 17. Ordentlichen VdK-Bundesverbandstag in Berlin mit dem zweitbesten Ergebnis nach Präsidentin Ulrike Mascher erneut als Schriftführerin in das VdK-Präsidium gewählt.

Bild rechts:
Ute Borchers-Siebrecht (Mitte) wurde von den Delegierten des 15. ordentlichen VdK-Landesverbandstags am 5. Juni 2008 in Hannover mit 63,3 Prozent der abgegebenen Stimmen zur neuen Landesverbandsvorsitzenden des Sozialverbands VdK Niedersachsen-Bremen gewählt. Sie folgte damit auf Manfred Hüniken (Vorsitzender von 1998 bis 2008), der nicht erneut kandidierte. Manfred Gillo aus Aurich, der ebenfalls für den Landesverbandsvorsitz kandidierte, erreichte bei der Wahl 36,7 Prozent der Stimmen.

60 Jahre VdK Niedersachsen-Bremen: Festakt 2009 in Hannover

Der Sozialverband VdK Niedersachsen-Bremen feierte am 17. September 2009 im Alten Rathaus Hannover sein 60-jähriges Bestehen. Die Festrede „Den Sozialstaat bewahren" hielt Ulrike Mascher, Präsidentin des Sozialverbands VdK Deutschland.

Eröffnet wurde der Festakt von der VdK-Landesverbandsvorsitzenden Ute Borchers-Siebrecht. Grußworte sprachen: Bernd Strauch, Bürgermeister der Stadt Hannover; Mechthild Ross-Luttmann, Niedersächsische Ministerin für Soziales, Frauen, Familie und Gesundheit, und Ingelore Rosenkötter, Bremische Senatorin für Arbeit, Frauen, Gesundheit, Jugend und Soziales. Danach folgte die Festrede der Präsidentin des Sozialverbands VdK Deutschland, Ulrike Mascher, zum Thema „Den Sozialstaat bewahren - 60 Jahre VdK Niedersachsen-Bremen".

VdK-Landesverbandsvorsitzende Ute Borchers-Siebrecht erinnerte an die sozialpolitischen VdK-Erfolge und dankte den vielen ehrenamtlichen Mitarbeiterinnen und Mitarbeitern, die engagiert und motiviert die hauptamtlichen Mitarbeiterinnen und Mitarbeiter unterstützen und so der Arbeit des VdK zum Erfolg verhelfen. Borchers-Siebrecht: *„Ohne die große Hilfe und Unterstützung der über 2000 ehrenamtlichen und mehr als 70 hauptamtlichen Mitarbeiterinnen und Mitarbeiter aus 35 Kreis- und 304 Ortsverbänden wären diese überragenden Erfolge nicht möglich gewesen. Die Gründungsmütter und -vä-*

Im Gespräch (von links): Ulrike Mascher, Ute Borchers-Siebrecht und Mechthild Ross-Luttmann.

Gäste aus Politik, Verwaltung, Justiz, Wirtschaft und Verbänden.

ter wären stolz, wenn sie wüssten, wie positiv sich ‚unser VdK' entwickelt hat. Aber wir sind auch weiter gefordert."

Ulrike Mascher: *„In den VdK-Geschäftsstellen sind die Sorgen und Nöte der Menschen präsent. Gerade in schwierigen Zeiten ist der VdK eine verlässliche Anlaufstelle. Die Menschen vertrauen dem VdK, seine Stimme wird in der Politik gehört. Eines ist klar: Ohne das Engagement der vielen ehren- und hauptamtlichen VdK-Mitarbeiter vor Ort wäre der Sozialverband VdK nie zu dem geworden, was er heute ist: eine soziale Macht.*

Ich danke dem VdK-Landesverband Niedersachsen-Bremen deshalb im Namen des Präsidiums des VdK Deutschland für 60 Jahre hervorragende Arbeit und wünsche Ihnen alles Gute für eine erfolgreiche, kämpferische Zukunft."

VdK-Aktionen von 2009 bis 2014

Aktion „Gute Besserung"

Der Sozialverband VdK Niedersachsen-Bremen beteiligte sich an der großen Aktion des VdK Deutschland zur Bundestagswahl 2009. Mit dem Flugblatt „Gute Besserung", das die sozialpolitischen Forderungen des VdK in verständlicher und kompakter Form enthält, sollten Politiker und die breite Bevölkerung auf die Positionen des Sozialverbands aufmerksam gemacht werden.

„Arbeitnehmer, Rentner, alleinerziehende Mütter und Väter, Menschen mit Behinderung, Kranke und Pflegebedürftige haben die Finanz- und Wirtschaftskrise nicht verursacht. Deshalb dürfen sie jetzt auch nicht deren Opfer werden", erklärte Ute Borchers-Siebrecht, Landesverbandsvorsitzende des VdK Niedersachsen-Bremen.

Borchers-Siebrecht: *„Die Finanz- und Wirtschaftskrise darf nicht auf dem Rücken der sozial schwachen Bevölkerung ausgetragen werden; denn Sozialabbau mindert die Kaufkraft, schwächt die Konjunktur, führt zu mehr Armut und gefährdet den sozialen Zusammenhalt der Gesellschaft."*

Der VdK-Forderungskatalog, auf dessen Titelblatt ein leicht zerrupfter Bundesadler abgebildet ist, enthält fünf Kernforderungen: Rente muss Altersarmut verhindern. Gesundheit muss für alle bezahlbar bleiben. Pflege muss menschenwürdig sein. Behinderung darf kein Nachteil sein. Und: Armut in allen Altersgruppen muss nachhaltig bekämpft werden.

„Der VdK wird Parteien und Politiker, die am 27. September 2009 in Niedersachsen und Bremen für den Bundestag kandidieren, mit diesen grundlegenden Forderungen konfrontieren und sie auffordern, dazu Stellung zu nehmen, damit die Wählerinnen und Wähler wissen, woran sie sind," ergänzte die VdK-Landesverbandsvorsitzende.

Der Sozialverband VdK vertrat 2009 bundesweit die sozialpolitischen Interessen seiner 1,6 Millionen Mitglieder sowie die Interessen von 20 Millionen Rentnerinnen und Rentnern, 8 Millionen Menschen mit Behinderung, 7 Millionen Menschen, die auf Hartz-IV-Leistungen angewiesen sind, und 2,3 Millionen Pflegebedürftigen mit deren Angehörigen. Diese Bevölkerungsgruppen stellten mehr als die

Hälfte der 62 Millionen Wahlberechtigten für die Bundestagswahl 2009.

Bezogen auf Niedersachsen-Bremen ergab sich 2009 eine ähnliche Relation: Über 57 500 VdK-Mitglieder, etwa 6,5 Millionen Wahlberechtigte, knapp 2 Millionen Rentnerinnen und Rentner, 363 000 Arbeitslose, etwa 800 000 behinderte Menschen und rund 250 000 Pflegebedürftige.

VdK-Forderungskatalog:

1. Rente

muss Altersarmut verhindern. Deshalb brauchen wir höhere Renten für Geringverdiener und Arbeitslose sowie ungekürzte Rentenanpassungen für alle Rentner.

2. Gesundheit

muss für alle bezahlbar bleiben. Der Teufelskreis „Höhere Beiträge bei geringeren Leistungen“ muss durchbrochen werden.

3. Pflege
muss menschenwürdig sein. Pflegebedürftige und deren Angehörige dürfen vom Staat nicht im Stich gelassen werden.

4. Behinderung
darf kein Nachteil sein. Menschen mit Handikap brauchen Chancengleichheit und Barrierefreiheit in Alltag, Schule und Beruf. Sie sind keine Menschen zweiter Klasse.

5. Armut
in allen Altersgruppen muss nachhaltig bekämpft werden. Wachsende Armut ist ein Armutszeugnis für ein reiches Land wie Deutschland.

In Deutschland sind Millionen Menschen, insbesondere Kinder sowie Rentnerinnen und Rentner von Armut bedroht.

Deshalb forderte der Sozialverband VdK 2009:

- eine Anhebung der Regelsätze bei Arbeitslosengeld II, Sozialgeld, Grundsicherung im Alter und bei Erwerbsminderung von 351 Euro auf mindestens 435 Euro;
- die Festlegung eines höheren bedarfsgerechten Regelsatzes für Kinder, die in Hartz-IV-Haushalten leben. Kinder bis 14 Jahre müssen mehr als nur 60 oder 70 Prozent (ab 1. Juli 2009) des Erwachsenen-Regelsatzes bekommen;
- ein kostenloses Mittagessen für Kinder in jeder Ganztagsschule oder -einrichtung;
- die Wiedereinführung von sogenannten Einmalleistungen für Bedürftige. Der Ersatz eines kaputten Herds oder Kühlschranks kann nicht mit dem laufenden monatlichen Hartz-IV-Regelsatz finanziert werden;
- die Einsetzung von Armutsbeauftragten und die Veröffentlichung regelmäßiger Armutsberichte in Bund und Ländern. Armutsbekämpfung und -vermeidung ist eine Querschnittsaufgabe, derer sich Sozialpolitik, Arbeitsmarktpolitik, Gesundheits- und Bildungspolitik gleichermaßen annehmen müssen. Hier könnten Armutsbeauftragte die notwendige Koordinierungsarbeit leisten.

Gratisobst für Grundschule Alemannstraße in Hannover

VdK-Aktion setzt ein Zeichen und stößt auf große Zustimmung

Als „verfehlt“ hatte die Vorsitzende des Sozialverbands VdK Niedersachsen-Bremen, Ute Borchers-Siebrecht, im Oktober 2009 die Entscheidung der Niedersächsischen Landesregierung bezeichnet, das EU-Schulobstprogramm nicht umzusetzen und kein kostenloses Obst an Schülerinnen und Schüler zu verteilen. „Wenn - wie zu hören ist - jetzt in der CDU/ FDP-Koalition überlegt wird, ob nicht doch ein Schulobstprogramm für ganz Niedersachsen angeboten werden sollte, ist dies zwar sehr lobenswert“, ergänzte Borchers-Siebrecht am 16. November 2009, „ändert aber nichts an der Tatsache, dass ein solches Programm zunächst von der Landesregierung wegen angeblich zu

Freude über kostenloses Schulobst: Obsttüten an die 360 Schülerinnen und Schüler der Grundschule Alemannstraße in Hannover verteilte die VdK-Landeschefin.

hoher bürokratischer Hürden verworfen wurde."

Um ein schnelles symbolisches Zeichen für Gratisobst zu setzen, verteilte die VdK-Landesverbandsvorsitzende zusammen mit weiteren Helferinnen und Helfern am 19. November 2009 Obsttüten an rund 360 Schülerinnen und Schüler. Das Obst wurde gespendet von Figen Aydin, die damals zwei Obststände in der Markthalle Hannover betrieb. VdK-Landesverbandsvorsitzende Borchers-Siebrecht: „Wenn gleichzeitig beim Bundesverfassungsgericht darüber diskutiert wird, dass Hartz-IV-Leistungen für die Ernährung der Kinder nicht ausreichen, kann es nicht sein, diesen Kindern das Gratisobst vorzuenthalten". Schließlich sei gesundes Essen eine Grundlage für erfolgreiches Lernen und damit eine Investition in die Zukunft der Kinder. Borchers-Siebrecht weiter: *„Es ist wichtig, die Schülerinnen und Schüler an Obst heranzuführen und somit das Bewusstsein für eine ausgewogene und gesunde Ernährung zu wecken. Verlierer sind sonst insbesondere die Kinder und Jugendlichen aus sozial benachteiligten Familien, in denen gesunde Ernährung vielfach am fehlenden Geld scheitert".*

Borchers-Siebrecht verwies auch auf die Ergebnisse eines Zwischenberichts zu einem vom Bundesministerium für Ernährung, Landwirtschaft und Verbraucherschutz geförderten Pilot-Projekt zur kostenlosen Verteilung von Obst und Gemüse an 9000 Schülerinnen und Schüler in 18 ausgewählten Schulen in Baden-Württemberg und in Rheinland-Pfalz in der Zeit von Mitte März bis Ende September 2009: Das verteilte Obst und Gemüse wird gerne gegessen; was geliefert wird, wird gegessen und nicht weggeworfen; Reste werden untereinander verteilt; das Obst wird Wert geschätzt, weil die Kinder das Geschenk auch als Wertschätzung ihrer Person wahrnehmen; die Verteilung ist einfach, hygienisch und macht keine Probleme; die Kinder essen gern Erdbeeren, Äpfel und Kirschen.

130 Schreibtische bieten Platz zum Lernen: Spende an bedürftige Kinder

Der Sozialverband VdK Niedersachsen-Bremen fordert bessere Bildungschancen für Kinder aus armen Familien und vergab deshalb in Zusammenarbeit mit der Friedrich Stiftung rund 130 Schreibtische an bedürftige Kinder in Niedersachsen.

Weil die meisten Schreibtischanforderungen aus Lüchow-Dannenberg kamen, wurden die Schreibtische im Kreishaus des Landkreises Lüchow-Dannenberg von der VdK-Landesverbandsvorsitzenden Ute Borchers-Siebrecht zusammen mit dem Vorsitzenden der Friedrich Stiftung, Dr. Jürgen G. Brandt, Mitte Mai 2010 symbolisch an die Familien übergeben. „Eigentlich sollten es 100 Schreibtische sein, die an bedürftige Kinder in Niedersachsen verteilt werden", sagte Borchers-Siebrecht den Gästen im Kreishaus. Doch weil sich so viele Eltern meldeten, habe die Friedrich Stiftung, die die Aktion finanzierte, insgesamt 130 Schreibtische angeschafft - für gut 20 000 Euro. Die meisten Anfragen seien dabei aus Lüchow-Dannenberg gekommen, nämlich 60, betonte Borchers-Siebrecht. Daher auch die Entscheidung, die symbolische Übergabe in Lüchow vorzunehmen. Keinem Kind dürfe aufgrund seiner sozialen Herkunft die Möglichkeit genommen werden, „vielleicht der Forscher, der Ingenieur von morgen zu sein", sagte Dr. Jürgen G. Brandt.

Ute Borchers-Siebrecht: *„Der Aktion liegt die Überlegung zu Grunde, dass Kinder aus Familien mit wenig Einkommen häufig weitaus geringere Bildungschancen haben als andere Kinder. Somit besteht die große Gefahr, dass die Ärmeren - wenn überhaupt - nur sehr schwer der Armutsspirale entrinnen können und - weiter gedacht - letztendlich zu dem Personenkreis zählen werden, der von Altersarmut betroffen sein wird. Um diesen Kindern eine Chance auf ausreichende Bildung zu ermöglichen, sind insbesondere Staat und Gesellschaft gefordert".* Borchers-Siebrecht weiter: *„Gerade der Einstieg in den schulischen Bereich ist wichtig für die zukünftige Entwicklung der Kinder. Hierzu ist es unter anderem notwendig, dass die Kinder zuhause sowohl einen geeigneten als auch einen eigenen Platz zum Lernen zur Verfügung haben. Leider haben viele Familien nicht die dafür erforderlichen finanziellen Möglichkeiten. Um den Kindern zu helfen, ist man sowohl an die Friedrich Stiftung, die ihrerseits half, die*

VdK-Landesverbandsvorsitzende Ute Borchers-Siebrecht übergab zusammen mit dem Vorsitzenden der Friedrich Stiftung, Dr. Jürgen G. Brandt, symbolisch 130 Schreibtische an bedürftige Familien aus Niedersachsen.

Schreibtische zu finanzieren, als auch an den Sozialverband VdK Niedersachsen-Bremen, der für die Durchführung zuständig war, herangetreten“.

Die Eltern, die sich um einen Schreibtisch bemüht hatten, hätten damit gezeigt, dass ihnen die Bildung ihrer Kinder am Herzen liegt, stellten Borchers-Siebrecht und Dr. Brandt heraus.

Protestaktion „Stoppt den Sozialabbau“ mit 242 000 Unterstützern

Plakatkampagne prangert wachsende Kluft zwischen Arm und Reich an

Der Sozialverband VdK Deutschland startete am 1. Oktober 2010 seine große Protestaktion „Stoppt den Sozialabbau“, an der sich auch der Sozialverband VdK Niedersachsen-Bremen beteiligte.

Die Aktion richtete sich gegen das sozial unausgewogene Sparpaket der Bundesregierung, das die Kluft zwischen Arm und Reich weiter vergrößert, gegen die Gesundheitsreform, die die steigenden Gesundheitskosten in Form von Zusatzbeiträgen einseitig den versicherten Arbeitnehmerinnen und Arbeitnehmer und Rentnerinnen und Rentnern aufbürdet, sowie gegen Bestrebungen, die Rentengarantie wieder abzuschaffen.

Mit über 242 000 Unterstützern war die VdK-Protestaktion „Stoppt den Sozialabbau“ die größte, die im Internet zu sozial- und gesundheitspolitischen Themen in Deutschland stattgefunden hat.

Der VdK kritisierte, dass Sozialabbau in Deutschland zu noch mehr Armut führe, die Kaufkraft und die Lebensqualität mindere, Politikverdrossenheit fördere, der Demokratie schade und den inneren Frieden gefährde.

Der Sozialverband VdK protestierte deshalb

- gegen die wachsende Kluft zwischen Arm und Reich,
- gegen die verfehlte Gesundheitsreform 2010,
- gegen Vorschläge zur Streichung der Rentengarantie,
- gegen das unsoziale Sparpaket der Regierung,
- gegen die zunehmende soziale Spaltung,
- gegen den Sozialabbau in den Bereichen Gesundheit, Rente und Grundsicherung,
- gegen eine Weichenstellung in Richtung Kopfpauschale durch immer höhere Zusatzbeiträge,
- gegen eine ausschließliche Abwälzung der steigenden Gesundheitskosten auf die Versicherten - die Arbeitgeber müssen genauso in die Pflicht genommen werden,
- gegen Leistungseinschränkungen und hohe Eigenbeteiligungen bei Rehabilitation, Krankengeld, Medikamenten und Hilfsmitteln,
- gegen Vorschläge zur Abschaffung der Rentengarantie,
- gegen weitere Renten-Nullrunden,
- gegen die „Rente mit 67“,
- gegen die Streichung des Elterngeldes für Arbeitslosengeld-II-Empfänger,
- gegen die Abschaffung des Rentenversicherungsbeitrags für Langzeitarbeitslose,
- gegen die Streichung des Heizkostenzuschusses für Wohngeldempfänger,
- gegen die pauschale Kürzung von Maßnahmen zur beruflichen Eingliederung in den ersten Arbeitsmarkt, insbesondere von behinderten und älteren Arbeitslosen.

Der VdK argumentierte dabei wie folgt:

1. Die Kluft zwischen Arm und Reich muss überwunden werden

Nach aktuellen Zahlen des Deutschen Instituts für Wirtschaftsforschung (DIW) driften Arm und Reich in Deutschland immer mehr auseinander.

Das ZDF Niedersachsen berichtete über die VdK-Protestaktion „Stoppt den Sozialabbau!"

Die Zahl der Menschen mit niedrigem Einkommen ist von 18 Prozent im Jahr 2000 auf 22 Prozent im Jahr 2009 gestiegen. Rund 27 Prozent der Deutschen verfügen über gar kein Vermögen oder haben sogar Schulden. Demgegenüber besitzt ein Zehntel der Bevölkerung rund 60 Prozent des Gesamtvermögens.

2. Gesundheit muss für alle bezahlbar sein

Gesundheit darf nicht noch stärker vom Geldbeutel der Versicherten abhängig werden.

Insbesondere Rentner und chronisch Kranke werden die Leidtragenden der Gesundheitsreform 2010 sein. Auf die gesetzlich Versicherten kommen in Zukunft massive Zusatzbeiträge zu - trotz vorgesehenem Sozialausgleich. Der Arbeitgeberbeitrag bleibt unverändert. Sinnvolle Maßnahmen zur Kostendämpfung im Gesundheitswesen, wie zum Beispiel die Förderung der Prävention, kommen zu kurz.

3. Die Rentengarantie muss bleiben

Die Rentengarantie nützt Jung und Alt. Alles, was man bei den heutigen Rentnern kürzt, fehlt auch kommenden Generationen.

Renten-Nullrunden, Mini-Erhöhungen, höhere Steuern und Gesundheitskosten und dazu die steigenden Zusatzbeiträge der Krankenkassen belasten die Rentnerinnen und Rentner, viele leben bereits in Armut.

4. Das Sparpaket muss vom Tisch

Das Sparpaket der Bundesregierung geht zu Lasten der Schwächsten in unserem Land. Es ist völlig verfehlt, wenn bei denjenigen der Rotstift angesetzt wird, die ohnehin schon wenig haben.

Kampagne „Pflege geht jeden an“

Mit der Kampagne „Pflege geht jeden an“ wollte der Sozialverband VdK Niedersachsen-Bremen 2011 auf die Situation der pflegenden Angehörigen aufmerksam machen, ihnen eine Stimme geben und sich dafür einsetzen, dass pflegende Angehörige mehr Anerkennung, mehr finanzielle Hilfe und mehr Unterstützung bekommen. Ute Borchers-Siebrecht, Landesverbandsvorsitzende und Präsidiumsmitglied des VdK Deutschland, erläuterte in Hannover vor der Landespressekonferenz die Ziele der Kampagne. „Über 250 000 Menschen in Niedersachsen sind pflegebedürftig, mehr als zwei Drittel werden zu Hause - meist durch weibliche Angehörige - gepflegt. Angehörigenpflege ist der schwerste Job, den Deutschland zu vergeben hat“, sagte Borchers-Siebrecht. Pflege sei für denjenigen, der sie als pflegender Angehöriger ausführt, eine körperlich und seelisch schwer belastende aber auch eine zeitintensive Tätigkeit. Die Zeit für ein eigenes Leben mit Freizeit und Urlaub oder einfach Zeit für ein selbst- und nicht fremdbestimmtes Leben fehle. Aber auch an die positiven Aspekte erinnerte die Landesverbandsvorsitzende: „Natürlich heißt Pflege auch, dass man einer vertrauten Person in einer schwierigen Lebenssituation hilft und damit Verantwortung übernimmt für das Leben eines anderen Menschen und Vertrauen und Geborgenheit für den zu Pflegenden schafft“.

Da dies alles nicht allein zu leisten ist, fordert der Sozialverband VdK mehr Unterstützung und Entlastung für pflegende Angehörige. So müssen aus VdK-Sicht zum Beispiel Tages-

und Kurzzeitpflegeangebote weiter ausgebaut werden, denn sie ermöglichen die Erholung und Berufstätigkeit von pflegenden Angehörigen. „*Es ist in diesem Zusammenhang sicherlich nicht hilfreich, dass die Niedersächsische Landesregierung die Förderung der sogenannten eingestreuten Kurzzeitpflege gestrichen hat. Pflegebedürftigen werden bei Kurzzeitpflege in Dauerpflegeeinrichtungen rund 16,70 Euro pro Tag in Rechnung gestellt, in reinen (solitären) Kurzzeitpflegeeinrichtungen jedoch nicht. Diese zusätzlichen Kosten können längst nicht alle davon Betroffenen aufbringen und es wird dadurch schwieriger, Angehörige wohnortnah in Kurzzeitpflegeeinrichtungen unterzubringen*“, kritisierte Borchers-Siebrecht.

Zusätzlich erforderlich seien spezielle gemeinsame Reha-Angebote für Pflegende und ihre Angehörigen. Die volle Anrechnung des Pflegegeldes hierfür und die hohen Eigenanteile bei Entlastungsangeboten sollten reduziert werden. Pflegestützpunkte, von denen sich pflegende Angehörige Rat und Unterstützung holen können, müssen auch in Niedersachsen dringend flächendeckend ausgebaut werden, forderte der Sozialverband VdK Niedersachsen-Bremen. „Aber wir fordern nicht nur, sondern wir helfen auch. Wir wollen landesweit ehrenamtliche VdK-Pflegelotsen installieren, die ‚Erste Hilfe‘ leisten sollen, indem sie die pflegenden Angehörigen beraten, wie und wo sie weiterführende professionelle Hilfe finden können“, kündigte Ute Borchers-Siebrecht an.

Präsentierten 2011 die VdK-Kampagne „Pflege geht jeden an“ in der Landespressekonferenz in Hannover (von links): VdK-Mitglied Barbara Moll, VdK-Landesverbandsvorsitzende Ute Borchers-Siebrecht und VdK-Landesverbandsspressesprecher Hans-Gerd Finke.

Das NDR-Fernsehen berichtete über die VdK-Kampagne „Pflege geht jeden an."

Zu den Forderungen der VdK-Kampagne „Pflege geht jeden an" gehörte auch die Anpassung des Pflegegelds. *„Seitdem die Pflegeversicherung 1996 in Kraft trat, hat das Pflegegeld erheblich an Wert verloren. Seinem Zweck, die familiäre Pflegebereitschaft zu fördern, wird es immer weniger gerecht. Der Wertverfall des Pflegegeldes signalisiert, dass der Gesellschaft die Arbeit pflegender Angehöriger immer weniger wert ist. Wir brauchen daher eine Anhebung und sofortige Dynamisierung des Pflegegelds mindestens in Höhe der Inflationsrate. Ohne diese Anpassung werden immer mehr Menschen in einen pflegebedingten Sozialhilfebezug abrutschen"*, sagte Ute Borchers-Siebrecht.

Der VdK forderte 2011 eine Beibehaltung und Stärkung der solidarischen Finanzierung der Pflegeversicherung und lehnte die Einführung einer kapitalgedeckten Pflegezusatzversicherung ab. Vor allem die Betreuung Demenzkranker in der Familie müsse nach Meinung des VdK deutlich besser honoriert werden. Da viele Demenzkranke keine Pflegestufe zuerkannt bekamen, erhielten Angehörige kein Pflegegeld.

Das Engagement der pflegenden Angehörigen verdiene höchste - auch finanzielle - Anerkennung, betonte die VdK-Landesverbandsvorsitzende. „Pflegende Angehörige entlasten die Beitrags- und Steuerzahler um Milliardenbeträge. In vielen Familien wird gering oder gar nicht bezahlte Pflegearbeit geleistet und damit eine kostenintensive professionelle, vor allem stationäre, Pflege vermieden", so Borchers-Siebrecht. Ohne pflegende Angehörige müsste

der Beitrag für die gesetzliche Pflegeversicherung von 1,95 Prozent des Bruttolohns bis 2030 auf 4,5 Prozent steigen.
Der VdK appellierte mit seiner Kampagne „Pflege geht jeden an“ an die Bundesregierung, pflegende Angehörige bei der Reform der Pflegeversicherung angemessen zu berücksichtigen und damit eine wichtige Stütze des Sozialsystems zu stärken. „Wer die Pflege behinderter und älterer Menschen sicherstellen will, muss Familien entlasten, unterstützen und beraten“, betonte Landesverbandsvorsitzende Borchers-Siebrecht.
Anlässlich der Vorstellung der Kampagne in der Landespressekonferenz Niedersachsen in Hannover berichteten u.a. folgende Medien: NDR-Fernsehen, SAT1-Fernsehen, Radio ffn, Nordwest-Radio, Deutsche Presse-Agentur (dpa/lni), Bild.de (Bild-Zeitung), newsclick.de (Braunschweiger Zeitung, Salzgitter-Zeitung, Peiner Nachrichten, Gifhorner Rundschau, Wolfsburger Nachrichten) und Nordwest-Zeitung, die zuvor bereits auf einer ganzen Hintergrundseite zum Thema Pflege auf die VdK-Kampagne eingegangen war.

Sozialverband VdK Nord in Schleswig-Holstein ab 2012 wieder eigenständig: VdK Niedersachsen-Bremen übernahm Verwaltung seit 2004

Ab 1. Januar 2012 wurde der Sozialverband VdK Nord e.V. in Schleswig-Holstein wieder in Eigenregie von der VdK-Geschäftsstelle Itzehoe aus verwaltet. Vom 1. März 2004 bis 31. Dezember 2011 hatte auf Beschluss der zuständigen Gremien der Sozialverband VdK Niedersachsen-Bremen e.V. die Verwaltung und Betriebsführung des VdK-Landesverbands Nord übernommen und gab sie Ende 2011 zurück.
Mit der Betriebsführung sollte der Sozialverband VdK Nord langfristig als eigenständige Organisation erhalten und die „Konsolidierung der Finanzen des Sozialverbands VdK Nord durch Steigerung der Mitgliederzahlen und Gewährung eines satzungsgemäßen, flächendeckenden Rechtsschutzes“ erreicht werden. Dieses Ziel war nach rund zwölf Jahren intensiver Aufbauarbeit erreicht.

Umzug in barrierefreie Räume: Sieben neue VdK-Geschäftsstellen in Niedersachsen-Bremen von 2012 bis 2015

Von 2012 bis 2015 eröffnete der VdK-Landesverband Niedersachsen-Bremen im Rahmen feierlicher Empfänge gemeinsam mit den Vorständen der jeweiligen VdK-Kreisverbände und den Vorsitzenden der zugehörigen Ortsverbände insgesamt sieben neue VdK-Geschäftsstellen in Aurich, Bremen, Celle, Hameln, Lüneburg, Papenburg und Rotenburg (Wümme).
Damit der Sozialverband VdK Niedersachsen-Bremen beim Thema Barrierefreiheit mit gutem Beispiel vorangeht, zogen die Kreisgeschäftsstellen und Rechtsschutzabteilungen jeweils in neue behindertengerechte Räume um.

Eröffneten 2015 feierlich die neue VdK-Geschäftsstelle in Papenburg (von links): Klaus-Günter Schmidt, Siegfried Eden, Gisela Haken, Thorsten Baumgarten, Ute Brandt (vorher Borchers-Siebrecht), Jan Peter Bechtluft.

Höchster Mitgliederbestand seit Gründung im Jahr 1949: VdK Niedersachsen-Bremen begrüßt 2013 das 70 000. Mitglied

Der Sozialverband VdK Niedersachsen-Bremen hatte im Jahr 2013 mit über 70 000 Mitgliedern den bis dahin höchsten Bestand in seiner über 60jährigen Geschichte seit 1949 erreicht. Bis Ende 2015 stieg die Mitgliederzahl weiter auf über 78 000 an. Im Jahr 2016 wurde das 80 000. Mitglied erwartet.

Ute Borchers-Siebrecht, VdK-Landesverbandsvorsitzende und Präsidiumsmitglied des VdK Deutschland, überreichte im Oktober 2013 in der VdK-Geschäftsstelle Osterholz-Scharmbeck eine Willkommensurkunde an Alexander Wagner als 70 000. Mitglied. Eingeladen waren dazu Landrat Bernd Lütjen, Osterholz-Scharmbecks Bürgermeister Martin Wagener und weitere VdK-Vertreterinnen und Vertreter.

Im Gegensatz zu vielen Vereinen, Gewerkschaften, Kirchen und politischen Parteien kann der Sozialverband VdK kontinuierlich

Der Sozialverband VdK Niedersachsen-Bremen begrüßte im Jahr 2013 das 70 000. Mitglied (von links): Landesvorsitzende Ute Borchers-Siebrecht, Kreisverbandsgeschäftsführer Osterholz Johannes Bonke, Neu-Mitglied Alexander Wagner, Kreisverbandsvorsitzender Osterholz Walter Dammann

steigende Mitgliederzahlen verzeichnen. Hauptursache dieses Wachstums ist nach Einschätzung des VdK der stark gestiegene Beratungsbedarf breiter Bevölkerungsgruppen. Die Bürgerinnen und Bürger finden sich im Reformdschungel der Sozialgesetze nicht mehr zurecht und suchen Hilfe und Solidarität.

Wurde erst drei Jahre zuvor die Rekordzahl von 60 000 Mitgliedern überschritten, freute sich die VdK-Landesverbandsvorsitzende Ute Borchers-Siebrecht besonders über das 70 000. Mitglied: „Nach dem Motto ‚Gemeinsam sind wir stärker' ist der VdK auf eine große Mitgliederzahl angewiesen, um seine Unabhängigkeit zu bewahren und weiterhin für die Interessen der sozial Benachteiligten tätig sein zu können".

VdK-Landesverbandsgeschäftsführer Klaus-Günter Schmidt geht 2014 in Ruhestand

Klaus-Günter Schmidt, in der Nachfolge von Karl Schenkendorf seit Juni 1983 Landesverbandsgeschäftsführer des Sozialverbands VdK Niedersachsen-Bremen mit Sitz in Oldenburg, ging zum Jahresende 2014 in den Ruhestand. Schmidt, gebürtiger Saarländer, kam 1983 nach zweijähriger Tätigkeit in der Landesrechtsabteilung des VdK-Landesverbands Saarland als Landesverbandsgeschäftsführer des VdK Niedersachsen-Bremen nach Oldenburg.

In einer Feierstunde im Oldenburger Landes-

Klaus-Günter Schmidt

museum Natur und Mensch mit haupt- und ehrenamtlichen VdK-Mitarbeiterinnen und -Mitarbeitern sowie Familienmitgliedern wurde Klaus-Günter Schmidt Ende November 2014 verabschiedet.

Die Präsidentin des Sozialverbands VdK Deutschland Ulrike Mascher und die Vorsitzende des Sozialverbands VdK Niedersachsen-Bremen Ute Borchers-Siebrecht dankten Schmidt für seine 31jährige verantwortungsvolle Tätigkeit als Landesverbandsgeschäftsführer.

Ulrike Mascher

„Sie haben es für den VdK Niedersachsen-Bremen geschafft, den Imagewandel vom einstigen Kriegsopferverband zu einem modernen Sozialverband zu realisieren. Ausgehend von rund 40 000 Mitgliedern haben Sie heute mit über 75 000 Mitgliedern viele Niedersachsen und Bremer in die VdK-Familie geführt. Darüber hinaus haben Sie es erreicht, die Erkennbarkeit des VdK zwischen Nordseeküste und Harz deutlich zu erhöhen. Ihnen ist dieses Kunststück gelungen in der Teamarbeit mit Ihren Kolleginnen und Kollegen in der Landesgeschäftsstelle, den Mitarbeitern vor Ort und den vielen ehrenamtlichen Frauen und Männern. Alle ziehen an einem Strang für den Erfolg des Verbandes – das lässt sich auf den Punkt gebracht über Ihre Arbeitsweise und Haltung sagen“, lobte Mascher.

Die VdK-Präsidentin erinnerte an Schmidts enge Zusammenarbeit mit den anderen VdK-Landesverbänden und dem Bundesverband: „Bei unseren Bundesverbandstagen haben Sie über die Jahre hinweg die Weiterentwicklung unserer Satzung mit Fingerspitzengefühl und Kenntnis des Innenlebens unseres Verbandes und klaren Positionen vorangebracht. Für den VdK Deutschland bedanke ich mich für Ihren langjährigen Einsatz".

Im Namen der hauptamtlichen Mitarbeiterinnen und Mitarbeiter überreichte Betriebsratsvorsitzender Hans-Werner Gille ein Abschiedsgeschenk mit einem Technik-Gutschein, vielen Erinnerungen in Wort und Bild, sowie guten Wünschen für den Ruhestand an Klaus-Günter Schmidt. Gille dankte Schmidt insbesondere auch für dessen kontinuierliches Ringen um tragfähige Kompromisslösungen bei Tarifverhandlungen und gemeinsamen Betriebsvereinbarungen.

Jens Kaffenberger

Der damalige Bundesgeschäftsführer des Sozialverbands VdK Deutschland Jens Kaffenberger hatte ebenfalls ein Abschiedsgeschenk - einen Reisegutschein - dabei, zu dem auch alle Geschäftsführungen der anderen VdK-Landesverbände beigetragen hatten. Kaffenberger verwies mit einem Dank an Klaus-Günter Schmidt auf die positive Arbeitsatmosphäre bei den regelmäßigen Geschäftsführungs-Konferenzen und darauf, dass ein Generationswechsel und Verjüngungsprozess in den Landesverbandsgeschäftsführungen zu verzeichnen sei.

Ute Borchers-Siebrecht

Landesverbandsvorsitzende Ute Borchers-Siebrecht hob Schmidts unaufgeregte und zielstrebige Art hervor, mit der er sich stets für das Wohl des VdK einzusetzen vermochte. Die

Landesverbandsvorsitzende sprach Klaus-Günter Schmidt großen Dank und große Anerkennung für die geleistete Arbeit aus und überreichte zum Abschied ein besonderes Geschenk des Landesverbandsvorstands.
Klaus-Günter Schmidt dankte allen Rednerinnen und Rednern für die anerkennenden, lobenden Worte und guten Wünsche für den Ruhestand, allen haupt- und ehrenamtlichen Mitarbeiterinnen und Mitarbeitern für ihre hervorragende Teamarbeit sowie besonders seiner Sekretärin Stefanie von Seggern und seinem Stellvertreter Jürgen Wachtendorf für die jahrzehntelange enge und vertrauensvolle Zusammenarbeit.

VdK-Forderungen von 2014 bis 2017

„Ganzheitlicher Pflegebegriff ist sofort einzuführen"

„Die Menschlichkeit einer Gesellschaft muss sich gerade darin zeigen, wie sie mit Pflegebedürftigen umgeht." Gemessen an dieser Aussage des damaligen Bundesministers für Gesundheit, Hermann Gröhe, beurteilte der Sozialverband VdK Niedersachsen-Bremen die von der Bundesregierung beschlossenen Verbesserungen in der Pflegeversicherung als „nicht ausreichend".
In einer sozialpolitischen Resolution stellten die Delegierten der VdK-Landesverbandskonferenz am 5. Juni 2014 in Hildesheim fest, dass die menschenwürdige Pflege in unserer Gesellschaft Priorität haben muss. „Die Rahmenbedingungen hierfür zu schaffen, ist die vorderste Aufgabe von Politik und Staat", heißt es dazu in der Resolution. Die Konferenzteilnehmer/innen - unter anderem der Landesverbandsvorstand, die Vorsitzenden aller Kreisverbände aus Niedersachsen und Bremen sowie der Landesfrauenausschuss - forderten die Politikerinnen und Politiker auf, dafür Sorge zu tragen, dass diese Aufgabe zum Wohle der betroffenen Menschen umfassend und zeitnah wahrgenommen wird: „Wer pflegebedürftig wird, muss sich auf die gesetzliche Pflegeversicherung verlassen können."
Die Delegierten forderten, dass die 2,5 Milliarden Euro, die durch die Erhöhung des Beitragssatzes ab 2015 jährlich zusätzlich zur Verfügung stehen, sofort für die Pflegebedürftigen und die pflegenden Angehörigen zu verwenden sind und nicht erst später wegen des geplanten Vorsorgefonds in Höhe von gut einer Milliarde Euro: „Insbesondere ist ein ganzheitlicher Pflegebegriff unter Einbeziehung von seelischen, geistigen und körperlichen Einschränkungen sofort einzuführen."
Die VdK-Landesverbandskonferenz befürchtete, dass sich die neuen Pflegekriterien nicht mehr in der Legislaturperiode umsetzen lassen: *„Beispielsweise erhalten Demenzkranke kaum Leistungen aus der Pflegeversicherung. Ihr Krankheitsbild passt aufgrund ihrer eher geistigen als körperlichen Einschränkungen nicht in das jetzige System der Pflegestufen. Angesichts der deutlichen Zunahme von Demenzerkrankungen in einer älter werdenden Gesellschaft ist dieser Zustand unhaltbar – für die Erkrankten wie für deren Angehörige."*
Die Delegierten der Landesverbandskonferenz stellten daher fest, dass es keines weiteren

Die VdK-Landesverbandskonferenz 2014 stellte in einer sozialpoitischen Resolution fest, dass die menschenwürdige Pflege in unserer Gesellschaft Priorität haben muss.

Große Pflegereform jetzt!

Testlaufs für einen neuen Pflegebedürftigkeitsbegriff mehr bedarf. Sie forderten: „Große Pflegereform - jetzt“ und unterstützten die vom Sozialverband VdK Deutschland und der Alzheimer Gesellschaft beim Bundestag eingereichte Petition, die von mehr als 150 000 Bürgerinnen und Bürgern unterzeichnet wurde.

Darüber hinaus forderten die Delegierten die verantwortlichen Politikerinnen und Politiker der Länder Niedersachsen und Bremen sowie die auf kommunaler Ebene Verantwortlichen auf, dafür Sorge zu tragen, dass dort, wo die Pflege stattfindet - in den Städten und Kommunen - die Versorgungsstrukturen nicht weiter ausgedünnt werden: „Vielmehr ist es erforderlich, die kommunalen Strukturen im Hinblick auf altengerechtes Wohnen und Leben zu stärken. Hierzu sind die Pflegestützpunkte und die Wohnraumberatungsstellen auszubauen und der öffentliche Raum und die Versorgungsstrukturen altersgerecht und barrierefrei zu gestalten. Bei der Versorgung der Bürger vor Ort sind im Bereich der Pflege niedrigschwellige und aufsuchende Angebote besonders wichtig und genauso auszubauen wie alternative Wohnformen und betreutes Wohnen.“

„Armut darf nicht zur Normalität werden“

Zunehmende Altersarmut bestätigt VdK-Befürchtungen

Der Sozialverband VdK Niedersachsen-Bremen warnte immer wieder vor dem sich verschärfenden Trend der Altersarmut und sah 2015 seine Befürchtungen bestätigt angesichts der stetig steigenden Zahl der Menschen, die im Alter und bei Erwerbsminderung Grundsicherung empfangen.

„Die Vermeidung und Bekämpfung von Armut in allen Altersgruppen muss weiterhin ganz nach oben auf die politische Tagesordnung. Armut darf nicht zur Normalität werden“, forderte deshalb VdK-Landesverbandsvorsitzende Ute Brandt (vorher Borchers-Siebrecht). „Arbeitslosigkeit, nicht bedarfsgerechte Grundsicherungsleistungen, vielfach niedrige Löhne, mit denen man keine Familie ernähren kann, Renten, die kaum zum Leben reichen, Frauen, die ungewollt in Teilzeit arbeiten, all das hat die Armutstendenzen in den letzten Jahren verstärkt und wird Armut weiter verfestigen, wenn nicht gegengesteuert wird“, mahnte die VdK-Landesverbandsvorsitzende.

Alarmierend sei vor allem, dass der Trend der Altersarmut unter Frauen nicht gestoppt werden kann. Die Mütterrente sei nur ein kleiner Baustein im Kampf gegen bestehende Altersarmut. Brandt: „Die vollständige Angleichung der Mütterrenten muss kommen. Das heißt, dass auch bei älteren Müttern drei Erziehungsjahre für die Rente angerechnet werden müssen. Und das Mehr an Rente muss auch für Frauen spürbar sein, die so wenig Rente bekommen, dass sie auf Grundsicherung angewiesen sind. Sie haben im Moment nichts von der Mütterrente, weil sie auf die Grundsicherung angerechnet wird. Wir fordern daher einen Freibetrag von 100 Euro“.

„Armut ist nach wie vor ein großes Problem“, so die VdK-Landesverbandsvorsitzende, „und darf nicht mehr wegdiskutiert werden. Wer Armut im Alter vermeiden will, muss für ordentlich bezahlte Arbeit und gute Arbeitsbedingungen sor-

gen. Denn wer von seinem Lohn nicht leben kann, wird auch eine Armutsrente haben". Der Sozialverband VdK sah zwar den flächendeckenden gesetzlichen Mindestlohn als wichtigen Schritt. Er allein reiche jedoch bei weitem nicht aus. Der VdK forderte regulierende Maßnahmen auf dem Arbeitsmarkt. „Leih- und Zeitarbeit, befristete Arbeitsverhältnisse sowie Teilzeit- und Minijobs leisten der Armut, vor allem bei Frauen, Vorschub. Wenn wir Armut vermeiden wollen, dann müssen prekäre Beschäftigungsverhältnisse eingedämmt werden", forderte Ute Brandt. Auch die Rentenentwicklung der damaligen letzten Jahre zeige ihre Auswirkungen. Das Absenken des Rentenniveaus sei nicht spurlos an der Lebenswirklichkeit der Rentnerinnen und Rentner vorbeigegangen. „Rentner haben seit 2004 einen hohen Kaufkraftverlust verkraften müssen. Ältere sind von den Preissteigerungen für Lebensmittel und bei den Energie- und Stromkosten besonders betroffen. Auch Medikamente und Hilfsmittel, die aus eigener Tasche bezahlt werden müssen, schmälern bei Rentnern das Haushaltseinkommen mehr als bei anderen", erinnerte Brandt an die Zusammenhänge. Damit sich das Altersarmutsproblem nicht weiter verschärft, forderte die VdK-Landesverbandsvorsitzende: *„Die Absenkung des Rentenniveaus auf 43 Prozent bis zum Jahr 2030 muss gestoppt werden. Bei 50 Prozent des durchschnittlichen Nettolohns muss Schluss sein. Außerdem müssen die Dämpfungsfaktoren, die sich negativ auf die Rentenerhöhung auswirken, abgeschafft werden und die Rentenanpassung wieder uneingeschränkt der Lohn- und Gehaltsentwicklung folgen."*

„Armut in Deutschland ist viel zu häufig weiblich“

Von dem Grundsatz „Gleicher Lohn für gleiche Arbeit“ sind viele Frauen nach wie vor weit entfernt. Im Durchschnitt verdienen Frauen rund ein Fünftel weniger als Männer. Diese Lohnlücke trifft insbesondere Frauen, die wegen Kindererziehung oder der Pflege eines Angehörigen den Job unterbrechen müssen.

In einer sozialpolitischen Resolution stellten die Delegierten der Landesverbandskonferenz 2015 des Sozialverbands VdK Niedersachsen-Bremen in Barsinghausen deshalb fest, dass Armut in Deutschland viel zu häufig weiblich ist. „Die Erwerbsbiografien vieler Frauen sind oftmals geprägt von Teilzeitbeschäftigung, geringer Bezahlung oder Arbeitslosigkeit. Die Zahl der Frauen in sozialversicherungspflichtigen Teilzeitjobs stieg zwischen 2001 und 2014 um 2,5 Millionen auf 6,6 Millionen. Die Zahl der Frauen, die Vollzeit sozialversicherungspflichtig arbeiten, fiel in diesem Zeitraum sogar von 55 Prozent auf 40 Prozent. Das geringe Einkommen, das während des Erwerbslebens oft nicht zum Leben reicht, wirkt sich dramatisch aus, wenn diese Frauen Rente beziehen. Denn die Rentenhöhe, die sie erreichen, ist ein nüchternes Abbild der Erwerbsbiografie und nimmt keine Rücksicht darauf, dass das Erwerbsleben vieler Frauen anders verläuft“, heißt es dazu in der Resolution.

Altersarmut bei Frauen sei jedoch kein unabwendbares Schicksal. Die Delegierten der VdK-Landesverbandskonferenz stellten fest, dass die Mütterrente lediglich ein kleiner Baustein gegen die bestehende Altersarmut ist. Die Konferenzteilnehmer/innen - unter anderem der VdK-Landesverbandsvorstand, die Vorsitzenden aller VdK-Kreisverbände aus Niedersachsen und Bremen sowie der Landesfrauenausschuss - forderten daher die vollkommene Angleichung der Mütterrenten auf drei Erziehungsjahre.

Da die Mütterrente auf die Grundsicherung angerechnet wird, sei es notwendig, einen Freibetrag in Höhe von 100 Euro zu schaffen, damit auch die Frauen etwas davon haben, deren Rente so niedrig ist, dass sie auf Grundsicherung angewiesen sind.

Die Delegierten der VdK-Landesverbandskonferenz stellten fest, dass Leih- und Zeitarbeit, befristete Arbeitsverhältnisse sowie Teilzeit- und Minijobs der Armut vor allem bei Frauen Vorschub leisten. Um Altersarmut zu vermeiden, hielten die Delegierten eine Eindämmung dieser Beschäftigungsverhältnisse für dringend notwendig.

Die VdK-Landesverbandskonferenz stellte weiterhin fest, dass Frauen in der Regel die häusliche Pflege von Angehörigen übernehmen, sie während dieser Zeit keiner oder nur einer sehr eingeschränkten Erwerbstätigkeit nachgehen können und dadurch die Altersarmut der Frauen vielfach herbeigeführt wird: „Hier ist dringend Abhilfe zu schaffen und die Vereinbarkeit von Pflege, Familie und Beruf zu fördern. Darüber hinaus sind die Zeiten der Pflege bei der Rentenversicherung in vollem Umfang anzuerkennen.“

„Schwerbehindertenvertretung stärken“

Gemeinsamer Appell von DGB, SoVD, VdK und Behindertenbeauftragter

Anlässlich des Internationalen Tags der Menschen mit Behinderung am 3. Dezember 2015 haben sich Sozialverbände und der Deutsche Gewerkschaftsbund gemeinsam mit der Landesbehindertenbeauftragten Petra Wontorra dafür eingesetzt, Menschen mit Behinderung besser in die Arbeitswelt zu integrieren.

In einer gemeinsamen Erklärung forderten sie, die „Rechte der Schwerbehindertenvertretungen (SBV) in den Betrieben zu stärken“. Diese seien in den Unternehmen Experten zu Fragen der Ausbildung und Beschäftigung schwerbehinderter und von Behinderung bedrohter Menschen, für die Ausgestaltung von barrierefreien Arbeitsplätzen, die Wiedereingliederung erkrankter Beschäftigter und die Zusammenarbeit mit Behörden und Leistungsträgern. Unterzeichnet haben den Appell Adolf Bauer, Vorsitzender des SoVD - Sozialverband Deutschland Landesverband Niedersachsen, Ute Brandt (vorher Borchers-Siebrecht), Vorsitzende des Sozialverbands VdK Niedersachsen-Bremen, Hartmut Tölle, Vorsitzender des DGB-Bezirks Niedersachsen-Bremen - Sachsen-Anhalt, sowie Petra Wontorra, Niedersächsische Landesbeauftragte für Menschen mit Behinderungen.

Die Schwerbehindertenvertretung ist wichtiger Anlaufpunkt für behinderte Menschen in den Betrieben.

Zum Forderungskatalog gehörten:

verbesserte Freistellungs-, Vertretungs- und Schulungsansprüche der Schwerbehindertenvertretungen,

bessere Information und Anhörung bei allen Personalmaßnahmen,

verbindliche Integrationsvereinbarungen für Arbeitgeber,

höhere Ausgleichsabgabe für Unternehmen, die keine oder kaum Schwerbehinderte beschäftigen,

sowie Übergangsmandate für die Schwerbehindertenvertretung bei Betriebsübergängen.

„Weg mit den Barrieren!“: Barrierefreiheit sollte selbstverständlich sein

Der Sozialverband VdK wollte 2016 als größter deutscher Sozialverband mit der bundesweiten Kampagne *„Weg mit den Barrieren!“* die Politik mit der Nase auf die in vielen Bereichen immer noch vorhandenen Barrieren stoßen. An dieser Kampagne beteiligte sich auch der VdK-Landesverband Niedersachsen-Bremen mit seinen damals 280 Orts- und 34 Kreisverbänden.

VdK-Landesverbandsvorsitzende Ute Brandt (vorher Borchers-Siebrecht): „Im Mittelpunkt steht die Herstellung von Barrierefreiheit, die angesichts des demografischen Wandels unabdingbar ist. Beispiele sind die Reise mit dem Rollstuhl im Zug, die vielerorts unmöglich ist, Internetseiten, die für Blinde nicht lesbar sind, Filme, die für Hörbehinderte unverständlich sind, oder die hoffnungslose Suche nach einer stufenfreien Wohnung. Barrierefreiheit sollte hier selbstverständlich sein.“

Um das sperrige Thema „Barrierefreiheit“ breitenwirksam zu kommunizieren, arbeitete die Kampagne mit der Leitidee des historischen Moments: Große Leistungen der Menschheit, wie die Mondlandung oder die Erfindung des Internets, wurden kontrastiert mit den bislang eher kläglichen Versuchen, Menschen mit Behinderungen ein barrierefreies Leben zu ermöglichen. Auf der Kampagnen-Webseite wurden alle wichtigen Informationen angeboten.

Herzstück der Kampagne war die „Landkarte der Barrieren“. Menschen meldeten Orte mit Barrieren, die eigentlich nicht mehr bestehen sollten. Diese Orte wurden mittels einer interaktiven Karte auf der Kampagnen-Webseite markiert. Mitmachen war einfach: Wer eine Barriere entdeckte, trug sie auf der Webseite ein.

Ute Brandt: „Der VdK wird besonders leidige Barrieren öffentlich machen und bei den Verantwortlichen nachhaken. Nur wenn die Kommunen die Probleme kennen, können zukünftige Planungen angepasst und Lösungsvorschläge gefunden werden.“

Der Sozialverband VdK war schon 2016 mit über 1,7 Millionen Mitgliedern, darunter rund 80 000 in Niedersachsen-Bremen, die größte Interessenvertretung behinderter und älterer Menschen in Deutschland.

Die Forderungen der VdK-Kampagne „Weg mit den Barrieren!“ auf kommunaler Ebene

Bundesweit sind die Kommunen dazu verpflichtet, vor Ort Barrieren zu beseitigen und lokale Akteure aus den Bereichen Wirtschaft, Gesundheit, Bildung, Sport und Kultur zur Umsetzung von Barrierefreiheit anzuhalten. Auf kommunaler Ebene forderte der VdK daher:

- die Bereitstellung von ausreichend barrierefreiem und bezahlbarem Wohnraum,
- eine kostenlose und präventive Wohnberatung,
- die Herstellung einer barrierefreien Verkehrsinfrastruktur – sowohl für Menschen mit Mobilitätseinschränkungen, mit Einschränkungen der Sinne oder mit kognitiven Einschränkungen,
- die flächendeckende Barrierefreiheit von Bürger- und Verwaltungseinrichtungen,
- die Barrierefreiheit der kommunalen Informations- und Kommunikationsangebote,
- ein flächendeckendes barrierefreies Angebot von Geschäften und sonstigen Dienstleistern sowie Gaststätten und Hotels,
- ein flächendeckendes Angebot barrierefreier Haus- und Facharztpraxen,
- die Umsetzung von Barrierefreiheit in Krankenhäusern und stationären Pflegeeinrichtungen,
- den Ausbau barrierefreier Arbeitsplätze,

- den Ausbau barrierefreier Sport-, Kultur- und Freizeitangebote,
- die barrierefreie Veranstaltungsorganisation wie z. B. bei Märkten und Festen,
- die flächendeckende Benennung von Beauftragten und Einrichtung von Beiräten für Menschen mit Behinderung und Senioren,
- die rechtzeitige Einbeziehung und Beteiligung von Beiräten, Beauftragten und Verbänden behinderter Menschen bei allen Maßnahmen im Bereich Barrierefreiheit, insbesondere öffentlichen Bauvorhaben.

Zudem wies der VdK mit der Kampagne die Kommunen nachdrücklich darauf hin, dass

- die Herstellung von Barrierefreiheit angesichts des demografischen Wandels unabdingbar ist. Kommunen, die schon heute in den Abbau von Barrieren investieren, handeln zukunftsorientiert und vermeiden hohe Kosten für später notwenige Umbaumaßnahmen.
- sich Barrierefreiheit zu einem immer wichtigeren Standortfaktor entwickelt, von dem nicht nur die älter werdenden Generationen, sondern alle Bürger und Bürgerinnen vor Ort profitieren. Barrierefreiheit verbessert die Lebensqualität für alle Menschen in der Kommune.

„Soziale Spaltung stoppen!“

„Soziale Spaltung stoppen!“ lautete das Motto der VdK-Aktion zur Bundestagswahl 2017. Der VdK setzte damit ein klares Signal für soziale Gerechtigkeit und forderte einen Kurswechsel in der Sozialpolitik, um Armut wirksam zu bekämpfen.

Die Kampagne richtete sich gegen die Sparmaßnahmen der Bundesregierung, die häufig zu Lasten der ohnehin Benachteiligten gehen, und gegen die ungerechte Steuerpolitik. Denn Statistiken zufolge besitzen die oberen zehn Prozent der Bevölkerung mehr als 60 Prozent des Gesamtvermögens, während die gesamte untere Hälfte der Bevölkerung über gerade mal ein Prozent verfügt. Der VdK verlangte deshalb mehr Steuergerechtigkeit, etwa durch Anhebung des Spitzensteuersatzes oder eine Vermögensteuer. Rentnerinnen und Rentner mit geringem Einkommen, Arbeitslose, Alleinerziehende, chronisch Kranke, Menschen mit Behinderung oder Familien: Sie alle mussten in den letzten Jahren viele Einschnitte verkraften und haben Angst vor dem sozialen Abstieg, denn über 16 Millionen sind in Deutschland von sozialer Ausgrenzung oder Armut bedroht. „Die Politik muss endlich handeln und die Weichen für eine gerechte Zukunft stellen", mahnte Friedrich Stubbe, seit 2016 neuer VdK-Landesverbandsvorsitzender, denn die Stabilität einer Gesellschaft hänge vom Grad der sozialen Gerechtigkeit ab. Die zentralen Forderungen der Kampagne lauteten: Rente muss zum Leben reichen. Gesundheit und Pflege müssen bezahlbar sein. Behinderung darf kein Nachteil sein. Armut muss bekämpft werden. Und eine gerechtere Steuerpolitik ist unerlässlich.

Das Gespräch mit Verantwortlichen aus der Politik suchten auch diverse VdK-Vertreter aus den Orts- und Kreisverbänden in Niedersachsen und Bremen.

So mussten sich in Lüchow-Dannenberg mehrere Bundestagskandidatinnen und -kandidaten den drängenden Fragen der Bürgerinnen und Bürger stellen. Der Kreisverband hatte zum sogenannten Politiker-Speed-Dating eingeladen. Dabei verteilten sich die Besucher an vier Tischen, um jeweils für rund zehn Minu-

Zum Politiker-Speed-Dating begrüßte der stellvertretende Lüchow-Dannenberger VdK-Kreisverbandsvorsitzende Thomas Flügge (stehend) die Kandidatinnen und Kandidaten sowie den VdK-Landesverbandsvorsitzenden Friedrich Stubbe (rechts).

ten Fragen, Kritik und Ideen an die (sich abwechselnden) Kandidatinnen und Kandidaten zu richten. „Ein gelungenes Format, viel besser als eine Podiumsdiskussion", lautete das einstimmige Urteil zu den Frage-Antwort-Runden. Und auch die VdK-Verantwortlichen zeigten sich zufrieden: „Mit dieser Veranstaltung konnten wir zeigen, dass sich der VdK für die sozialen Interessen der Bürgerinnen und Bürger einsetzt", freute sich Friedrich Stubbe. Gleichzeitig appellierte er an die Politikerinnen und Politiker, die besprochenen Bürgerbelange bei ihrer Arbeit auch zu berücksichtigen.

Auch in Wolfenbüttel bat der VdK-Ortsverband im Rahmen der bundesweiten Aktion „Soziale Spaltung stoppen!" mehrere Abgeordnete des Deutschen Bundestags zum Gespräch. Den Anfang machte Uwe Lagosky. Das Interesse der Besucher an den sozialpolitischen Themen war groß und nach einer knappen Einführung folgte eine interessante und kurzweilige Diskussion. Die Themen Rente, Gesundheit und Pflege standen dabei im Mittelpunkt. Monatlich wurden weitere Politikerinnen und Politiker zum Diskussionsnachmittag geladen.

Die zentrale Forderung, soziale Sicherheit in den Mittelpunkt zu stellen, blieb auch nach der Bundestagswahl bestehen. Der Sozialverband VdK appellierte an die neue Bundesregierung, die soziale Spaltung zu stoppen und Abstiegsängste in diesem Land entschlossen zu bekämpfen. Denn trotz der großen Wirtschaftskraft wächst die soziale Kluft in Deutschland immer weiter.

Bundestagsabgeordneter Uwe Lagosky (rechts) zu Gast beim VdK-Ortsverband Wolfenbüttel.

Neuer VdK-Landesverbands-geschäftsführer: Holger Grond folgt 2017 auf Jürgen Wachtendorf

Zum 1. November 2017 ist Landesverbandsgeschäftsführer Jürgen Wachtendorf in den Ruhestand gegangen. Nach 32 Jahren Verbandsarbeit übergab er die Führung des Sozialverbands VdK Niedersachsen-Bremen an seinen Nachfolger Holger Grond. Dieser dankte Wachtendorf für die gute Einarbeitung in alle geschäftlichen Abläufe des Sozialverbands VdK und wünschte ihm im Namen aller Mitarbeiterinnen und Mitarbeiter für den verdienten Ruhestand alles Gute.

Friedrich Stubbe, seit 2016 neuer VdK-Landesverbandsvorsitzender, lobte in feierlichem Rahmen Wachtendorfs langjährigen Einsatz für den Verband. Besonders wichtig seien ihm stets die gute Zusammenarbeit zwischen Haupt- und Ehrenamt im VdK gewesen. Zudem habe er sich von Beginn an für die fortlaufende Digitalisierung in der Verbandsarbeit eingesetzt und den Aufbau von Internetseiten vorangebracht.

1985 hatte Jürgen Wachtendorf zunächst als Sozialrechtsreferent beim VdK in der Oldenburger Landesverbandsgeschäftsstelle begonnen, bald darauf wurde er stellvertretender Landesverbandsgeschäftsführer und gleichzeitig Leiter der Abteilung Sozialpolitik. Im April 2015 übernahm er dann die Geschäftsführung des VdK Niedersachsen-Bremen. Parallel dazu war er Mitglied im Niedersächsischen

Ein Bild aus vielen: Jürgen Wachtendorf (Zweiter von links) erhielt zum Abschied ein Mosaikbild aus Fotos aller Mitarbeiterinnen und Mitarbeiter.

Landesbehindertenbeirat sowie in weiteren beratenden Gremien und Ausschüssen in Niedersachsen und Bremen, außerdem hat er sich in verschiedenen Fachbereichen des Paritätischen Wohlfahrtsverbands Niedersachsen eingesetzt.

Holger Grond ist bereits seit 2003 für den VdK Niedersachsen-Bremen tätig und war zunächst Rechtsschutzleiter und Geschäftsführer des VdK-Kreisverbands Oldenburg-Stadt, dann ab 2015 in der Nachfolge von Friedrich Dellmann Leiter der VdK-Landesrechtsabteilung in Oldenburg.

Wichtig ist für Grond, die Beratung im Sozialrecht durch elektronische Akten künftig noch weiter zu verbessen. So hätten die Juristinnen und Juristen mehr Zeit für die Belange der

Holger Grond, seit 2017 Geschäftsführer des VdK Niedersachsen- Bremen.

Mitglieder. Durch den demographischen Wandel in der Gesellschaft sei zudem ein Ausgleich zwischen den Generationen nötig, den der VdK mit seinem Angebot im Ehrenamt leisten könne. „Für mich ist es besonders beeindruckend, dass sich rund 2000 Ehrenamtliche aktiv für den Sozialverband VdK in Niedersachsen und Bremen einsetzen. Ihr Engagement ist großartig und dieses solide Fundament ist für den VdK unverzichtbar“, erklärte Grond.

Unterstützt wird Holger Grond seit 2020 vom stellvertretenden VdK-Landesverbandsgeschäftsführer Jan-Peter Rakel, nachdem dessen Vorgänger Jürgen Johann 2022 verstorben war.

Generationswechsel im VdK Niedersachsen-Bremen ab 2014

Nachdem sich bereits Anfang bis Mitte der 80er Jahre des vorigen Jahrhunderts ein Generationswechsel in der hauptamtlichen Belegschaft des VdK Niedersachsen-Bremen vollzogen hatte, gingen zwischen 2014 und 2019 erneut gleich mehrere langjährige Mitarbeiterinnen und Mitarbeiter der Oldenburger Landesverbandsgeschäftsstelle in den Ruhestand und übergaben ihre Positionen in jüngere Hände. Der sichtbare Verjüngungsprozess begann 2014 und 2015, als zunächst Landesverbandsgeschäftsführer Klaus-Günter Schmidt und ein halbes Jahr später der Leiter der VdK-Landesrechtsabteilung Oldenburg, Friedrich Dellmann, ausschieden, setzte sich dann Ende 2017 mit dem Wechsel von Jürgen Wachtendorf zu Holger Grond in der Landesverbandsgeschäftsführung fort und ging noch zwei Jahre bis 2019 weiter.

Friedrich Dellmann, Inge Eilers, Hans-Werner Gille, Hans-Gerd Finke und Hartmut Erdmann haben den VdK-Landesverband über Jahrzehnte geprägt und den Wandel vom einstigen Kriegsopferverband zum modernen Sozialverband mit vollzogen. Zahlreiche technische Veränderungen, wie der Wechsel von der Schreibmaschine zum Computer, vom Stenoblock zum Diktiergerät oder die Einführung des Internets mit dem Versand von E-Mails fielen in diese Zeit. Überdies sind dank ihres Einsatzes der VdK-Landesverband und die Kreis- sowie zahlreiche Ortsverbände über eigene Internetseiten rund um die Uhr erreichbar.

Nach 35 Jahren hauptamtlicher juristischer Tätigkeit in der VdK-Landesrechtsabteilung Oldenburg ging Friedrich Dellmann Ende Juni 2015 in den Ruhestand. Landesverbandsgeschäftsführer Jürgen Wachtendorf dankte ihm für den langjährigen engagierten Einsatz. Dellmann vertrat vor den Sozialgerichten Aurich und Oldenburg ab April 1980 die VdK-Mitglieder aus Nordwest-Niedersachsen und übernahm deren Berufungen vor dem Landessozialgericht Niedersachsen-Bremen sowie die VdK-Abteilungsleitung, nachdem sein Vorgänger Hans-Karl Willms altersbedingt ausgeschieden war. Von Dellmanns über 10 000 Klage- und Berufungsverfahren wurden mehr als 50 Prozent positiv für die VdK-Mitglieder entschieden. Verlässlichkeit und Kontinuität prägten seine Arbeitsweise. Die Sozialgerichte schätzten Dellmanns sachliche, gründliche Bearbeitung der Fälle ohne künstliche Aufgeregtheit. Auch wenn die VdK-Mitglieder in der Gerichtsverhandlung bisweilen flammende Plädoyers erwarteten, wie sie sie aus amerikanischen Filmen kennen, hat sich Friedrich Dellmann davon nie beeindrucken lassen, sondern blieb immer sachlich und ruhig. Darin liegt ein wesentlicher Grund für seine hohe Erfolgsquote vor den deutschen Sozialgerichten, die auf eben dieser sachlichen Basis funktionieren. Ehrenamtlich war Dellmann für den VdK in verschiedenen Vorstandsämtern auf Orts- und Kreisverbandsebene tätig und engagierte sich als langjähriges Betriebsratsmitglied in der Mitarbeitervertretung des VdK Niedersachsen-Bremen. Friedrich Dellmanns Nachfolge trat zunächst Holger Grond bis zur Übernahme der VdK-Landesverbandsgeschäftsführung im Jahr 2017 an. Neuer Leiter der VdK-Landesrechtsabteilung Oldenburg ist seitdem Markus Göke, zuvor Rechtsschutzleiter und Geschäftsführer im VdK-Kreisverband Oldenburg-Land.

Nach 35 Jahren im Ruhestand (von rechts): Jürgen Wachtendorf verabschiedete 2015 Friedrich Dellmann, der von seiner Lebensgefährtin Renate Stellfeld-Ostendorf begleitet wurde.

Nach 48 Dienstjahren verabschiedete sich Inge Eilers Ende 2017 vom Hauptamt im VdK. Sie hatte am 1. April 1969 ihre Arbeit für den Landesverband begonnen und war für den damaligen internen Versicherungsservice für VdK-Mitglieder zuständig. Seit Mitte der 1980er-Jahre arbeitete sie dann in der Mitgliederverwaltung. Dort kümmerte sie sich zunächst zusammen mit Rita Wittmer, die schon einige Jahre zuvor in Ruhestand gegangen war, um Neuaufnahmen, Änderungen bei der Mitgliedschaft, Zu- und Abgänge auch aus anderen Landesverbänden sowie die Mitgliederstatistiken.

Jürgen Johann, damaliger stellvertretender VdK-Landesverbandsgeschäftsführer, verabschiedete 2017 Inge Eilers aus der Mitgliederverwaltung in den verdienten Ruhestand.

Für die Ehrenamtlichen im VdK hatte Inge Eilers immer ein offenes Ohr und war erste Ansprechpartnerin, wenn es um Fragen zu den Mitgliedern ging. Wurden Bestandslisten für Geburtstage oder hohe Jubiläen benötigt, war sie zuständig. Auch den Versand der monatlichen VdK-Zeitung an alle Leser koordinierte sie. Ehrenamtlich engagierte sie sich im VdK-Kreisverband und im Ortsverband. Ihre Nachfolgerin in der Mitgliederverwaltung ist Ebba Kritzer.

Anfang 2018 beendete auch Hans-Werner Gille seinen aktiven Dienst beim Sozialverband VdK Niedersachsen-Bremen. Stolze 37 Jahre war er hauptamtlich für den Verband tätig und leitete in der Nachfolge von Willi Grote die Organisationsabteilung des Landesverbands in Oldenburg. In dieser Zeit hat Gille die ehrenamtlichen Strukturen in den Orts- und Kreisverbänden erheblich gestärkt. Zusammen mit Pressesprecher Hans-Gerd Finke entwickelte er Seminarangebote für die ehrenamtlichen Mitarbeiterinnen und Mitarbeiter, um ihnen die Strukturen des Verbands nahe zu bringen und sie für die unterschiedlichen Tätigkeiten auszubilden. Zu Gilles Aufgaben gehörte überdies die gesamte Organisation von internen und externen VdK-Veranstaltungen: Unter anderem bereitete er neun Landesverbandstage, große Jubiläen wie die 50-Jahr-Feier 1999 und das 60-jährige Jubiläum des Landesverbands im Jahr 2009 vor und organisierte deren Ablauf. Viele VdK-Geschäftsstellen mussten im Laufe der Jahre grundlegend renoviert werden, auch hier leitete Gille den Umbau und koordinierte die einzelnen Gewerke.

Parallel dazu kümmerte er sich um den Auf- und Ausbau der Mitglieder- und Verbandsstufenverwaltung und deren Umstellung auf elektronische Datenverarbeitung. Dazu mussten sowohl die Abteilungen in der VdK-Landesverbandsgeschäftsstelle als auch die Außengeschäftsstellen vernetzt werden.

Bis zu seinem Ruhestand im Jahr 2018 war Hans-Werner Gille 37 Jahre als Organisationsleiter des VdK-Landesverbands tätig.

Hans-Gerd Finke wechselte 2018 von der Leitung der Presse- und Öffentlichkeitsarbeit auf die Ruhestandsbank.

Die Mitarbeiterinnen der VdK-Geschäftsstellen Lüneburg und Lüchow verabschiedeten im Jahr 2019 den Leiter der VdK-Landesrechtsabteilung Lüneburg, Hartmut Erdmann.

Die Leitung der Organisationsabteilung hat Gordon Regener im Frühjahr 2018 übernommen.

„Ich bin dann mal weg“ – mit diesen Worten verabschiedete sich im Juni 2018 Hans-Gerd Finke, der langjährige Pressesprecher des Sozialverbands VdK Niedersachsen-Bremen, in den wohlverdienten Ruhestand. In der Nachfolge von Hans-Jürgen Büsch leitete Finke 34 Jahre die Abteilung Presse- und Öffentlichkeitsarbeit in der Oldenburger VdK-Landesverbandsgeschäftsstelle.
Er schrieb Pressemeldungen, organisierte diverse Veranstaltungen auf Landesebene und war Ansprechpartner für Journalistenanfragen. Gleichzeitig hatte er immer auch ein offenes Ohr für die Ehrenamtlichen des Verbands, wenn es darum ging, den VdK in der Öffentlichkeit darzustellen. In eigens dafür entwickelten Ehrenamtsseminaren schulte er zahlreiche ehrenamtliche Mitarbeiterinnen und Mitarbeiter des VdK. Finke aktualisierte zudem regelmäßig die Internetseiten des Landesverbands und füllte Monat für Monat die Landesseiten Niedersachsen-Bremen der VdK-Zeitung mit aktuellen sozialpolitischen Inhalten und Neuigkeiten aus den Verbandsstufen. Im Laufe der Jahrzehnte waren auch immer wieder umfangreiche Geschäftsberichte zu den Landesverbandstagen und Schriften zum 50- und 60jährigen Jubiläum des VdK Niedersachsen-Bremen zu verfassen und zu gestalten. Außerdem war der Pressechef im Betriebsrat des VdK-Landesverbands tätig – einige Jahre auch als Vorsitzender dieses Gremiums.
In weiser Vorausschau begann Hans-Gerd Finke bereits zwei Jahre zuvor, den VdK auf seinen Ruhestand vorzubereiten, indem er seine eigene Arbeitszeit reduzierte, sodass seine Nachfolgerin vorzeitig eingestellt und eingearbeitet werden konnte. Landesverbandsgeschäftsführer Holger Grond lobte diese Weitsicht, denn „so hast du gewährleistet, dass dem VdK durch deinen Renteneintritt kein Wissen verloren geht.“ Und noch eine weitere herausragende Eigenschaft Finkes hob er hervor: „Du hast immer darauf geachtet, dass es gerecht zugeht und dass Veränderungen angestoßen werden.“
Neue Ansprechpartnerin in der Presseabteilung des VdK-Landesverbands ist Christina Diekmann, unterstützt von der Online-Redakteurin Helen Alberding und von der langjährig erfahrenen Assistentin Petra Dirks, die Ende August 2025 in den Ruhestand ging. Zusätzlich wurde eine Marketingabteilung eingerichtet, geleitet von Sylvia Katenkamp.

Im Juli 2019 ging Hartmut Erdmann in Rente. Der Jurist war 34 Jahre für den Sozialverband VdK Niedersachsen-Bremen tätig und leitete sowohl die VdK-Landesrechtsabteilung in Lüneburg als auch die dortige Geschäftsstelle mit über 3500 Mitgliedern. Mit Leib und Seele setzte er sich für die Belange seiner Mitglieder ein. „Auch wenn Ratsuchende ohne Termin die Geschäftsstelle aufsuchten oder in dringenden Fällen telefonische Auskunft benötigten, hatte er stets ein offenes Ohr. Niemand blieb ohne seinen Rat zurück“, lobten die Kolleginnen und Kollegen. Ein besonderes Augenmerk legte er zudem auf das Ehrenamt im VdK:

Seine ehrenamtlichen Mitarbeiterinnen und Mitarbeiter unterstützte er bei Veranstaltungen und Aktionen nach Kräften. Selbst engagierte er sich ebenfalls in mehreren Positionen auf Orts-, Kreis- und Landesebene für den Verband. Und auch im Ruhestand steht er dem VdK mit Rat und Tat zur Seite und übt Ehrenämter weiter aus.
Seine Nachfolge in der VdK-Geschäftsstelle Lüneburg hat Wienke Bredehöft-Stock übernommen, die VdK-Landesrechtsabteilung Lüneburg wurde nach Celle verlegt und in den Tätigkeitsbereich von Maria von Grönheim übergeben.

Die Leitung der Abteilung Sozialpolitik im VdK-Landesverband Niedersachsen-Bremen übernahm Andrea Nacke in der Nachfolge von Jürgen Wachtendorf. Sie war zuvor als Sozialrechtsreferentin und Geschäftsführerin in den VdK-Kreisverbänden Ammerland und Wesermarsch sowie vorübergehend als Leiterin der Organisationsabteilung tätig gewesen.

Weitere Wechsel gab es auch im Laufe der Jahre davor in der Leitung der Personalabteilung von Vera Hasselbach über Gunda Menkens nach deren 50jähriger VdK-Tätigkeit zu Martina Battermann sowie in der Buchhaltung von Helga Prehm zu Gaby Frieden. Deren Nachfolge trat 2024 Tanja Fangmann an. Gunda Menkens übernahm nach ihrem Ausscheiden die ehrenamtliche Position als Frauenvertreterin im VdK-Landesverbandsvorstand.

Friedrich Stubbe, ab 2016 neuer VdK- Landesverbandsvorsitzender, übernimmt 2018 Vorsitz im Bundesausschuss des VdK-Deutschland

Friedrich Stubbe ist seit 2016 Landesverbandsvorsitzender des Sozialverbands VdK Niedersachsen-Bremen. Im Mai 2016 wurde zwar zunächst Rolf Reinemann zum Vorsitzenden gewählt. Er trat jedoch bereits im November 2016 nach Differenzen über die künftige Strategie des Verbandes wieder zurück. Friedrich Stubbe übernahm daraufhin kommissarisch den Landesverbandsvorsitz und wurde auf der Landesverbandskonferenz im Juni 2017 zum neuen Landesverbandsvorsitzenden gewählt. Beim 18. Ordentlichen Bundesverbandstag 2018 in Berlin ist Friedrich Stubbe außerdem zum Vorsitzenden des VdK-Bundesausschusses gewählt worden. 2023 wurde er erneut in dieser Position bestätigt.
Damit ist der Landesverband auch auf Bundesebene stark vertreten, denn der Bundesausschuss ist nach dem Präsidium das höchste Gremium im VdK. Eine große Aufgabe, die Stubbe gerne angenommen hat: „Ich freue mich sehr, dass wir als VdK Niedersachsen-Bremen dadurch ganz oben mit dabei sind und auch weiterhin in den Führungsgremien des Bundesverbands vertreten sind. Ganz besonders danke ich meinen ehrenamtlichen Kolleginnen und Kollegen für das entgegengebrachte Vertrauen!“ Mit absoluter Stimmenmehrheit erhielt Friedrich Stubbe gleich im ersten Wahlgang die volle Zustimmung der Delegierten.

© Thomas Rosenthal

Mitglieder des Bundesausschusses im VdK-Bundesverband mit Vorsitzendem Friedrich Stubbe (links).

Und das nicht ohne Grund. Denn er kennt den VdK gut: Seit vielen Jahren ist er Mitglied in Niedersachsen und engagiert sich seitdem auf allen Verbandsebenen. Neben dem Orts- und Kreisverbandsvorsitz in Lindern und Cloppenburg ist er schon lange auch im Landesverbandsvorstand tätig. Auf Bundesebene war er zuvor bereits acht Jahre Mitglied im Bundesausschuss und in der Finanzkommission.

Der Bundesausschuss setzt sich zusammen aus seinem Vorsitzenden und 40 weiteren Teilnehmerinnen und Teilnehmern der einzelnen Landesverbände. Diese erhalten je nach Anzahl ihrer Mitglieder einen oder mehrere Sitze. Für den VdK Niedersachsen-Bremen sind neben Friedrich Stubbe als Vorsitzendem deshalb seit 2023 auch Anke Erlach und als Ersatzmitglieder Jutta Lorentzen, Miriam Wagner und Gunda Menkens vertreten. Einmal im Jahr trifft sich der Bundesausschuss zum Kleinen Verbandstag unter der Leitung von Friedrich Stubbe.

Als Vorsitzender des Bundesausschusses nimmt Stubbe außerdem an jeder Sitzung des VdK-Präsidiums teil. Dabei hat er eine beratende Funktion inne und kann Vorschläge oder Anliegen der Landesverbände einbringen.

VdK-Forderungen 2019 und 2020:

Kampagne „#Rentefüralle“

Es ist Zeit für eine gerechte Rente – und zwar für alle Generationen! Das forderte 2019 der Sozialverband VdK mit seiner Kampagne #Rentefüralle. Denn immer mehr Menschen verlieren das Vertrauen in die gesetzliche Rente und sorgen sich, davon später gar nicht oder nur mit starken Einschränkungen leben zu können. *„Die gesetzliche Rente muss zukunftssicher gemacht werden, damit nicht nur die jetzigen Rentnerinnen und Rentner davon leben können, sondern auch die heute 30- oder 40-Jährigen darauf vertrauen können, nach einem langen Arbeitsleben eine auskömmliche Rente zu erhalten“*, erklärte VdK-Landesbandsvorsitzender Friedrich Stubbe. Mit seiner öffentlichkeitswirksamen Kampagne verlangte der VdK von der Politik endlich klare Entscheidungen für eine zuverlässige, staatliche Altersvorsorge. *„Wir brauchen eine Rente von allen für alle. Deshalb muss sich auch jeder solidarisch am System beteiligen und Vermögen muss gerecht verteilt werden“*, so Stubbe.

Um das deutsche Rentensystem neu aufzustellen, forderte der Sozialverband die Einführung einer Erwerbstätigenversicherung, eine Umverteilung und Besteuerung von Vermögen sowie eine auskömmliche Rente für Erwerbsgeminderte und Geringverdiener. Der VdK hat mit seiner Aktion die von der Bundesregierung eingesetzte Rentenkommission bis März 2020 kritisch begleitet. Mit zahlreichen Aktionen im ganzen Land setzten sich VdK-Mitglieder öffentlichkeitswirksam für eine Rentenreform ein. Der VdK-Landesverband Niedersachsen-Bremen hat sich mit rund 40 Veranstaltungen beteiligt. In der Oldenburger Innenstadt wurde mit Infoständen und einem großen #Rentefüralle-Kuchen auf die Rentenkampagne aufmerksam gemacht. Dafür gab es großen Zuspruch von den Passanten. „Wie gut Rente schmecken kann, wenn jeder ein gerechtes Stück bekommt, konnten wir am Beispiel unseres Rentenkuchens optisch und geschmacklich hervorragend darstellen“, berichtete VdK-Landesverbandsgeschäftsführer Holger Grond. Bunt und auffällig war die Kampagne #Rentefüralle. So verteilten Ehrenamtliche des VdK farbige Fahrradsattel-Überzüge an Bahnhöfen und in Innenstädten und trugen die VdK-Forderungen ins gesamte Bundesland.

VdK-Kampagne trifft den Nerv der Bevölkerung.

Landesfrauenkonferenz fordert mehr Gerechtigkeit

Zur Landesfrauenkonferenz des Sozialverbands VdK Niedersachsen-Bremen trafen sich die Frauenvertreterinnen aller Kreisverbände im Jahr 2019 in Bremen. Eingeladen hatte Landesverbandsfrauenvertreterin Gunda Menkens zum Austausch über die frauenpolitische Arbeit im Verband.

Dabei mahnte sie die nach wie vor andauernde Benachteiligung von Frauen in der heutigen Gesellschaft an: *„Frauen können oft nicht ausreichend fürs Alter vorsorgen, weil sie in schlecht bezahlten Jobs arbeiten, geringfügig beschäftigt sind oder ihre Erwerbstätigkeit für Kindererziehung und die Pflege Angehöriger unterbrechen. Deshalb ist Altersarmut häufig weiblich, allein in Niedersachsen beziehen 16 Prozent mehr Frauen als Männer Grundsicherung im Alter. Sie sind arm trotz eines Lebens voller Arbeit – diese Benachteiligung von Frauen im Erwerbsleben muss ein Ende haben!"* Dafür sollten sich auch die Frauen im VdK stark machen, appellierte die Landesverbandsfrauenvertreterin.

Ganz im Zeichen sozialpolitischer Aktivitäten der VdK-Frauen stand auch der zweite Tag der Zusammenkunft. Ingrid Janßen, ehrenamtliche Equal-Pay-Beraterin und Vorsitzende des Kreislandfrauenverbands Ammerland/Friesland-Süd hielt einen Impulsvortrag über die ungleiche Bezahlung von Männern und Frauen, deren Ursachen und die Folgen: Fast 50 Prozent betrage die durchschnittliche Rentenlücke zwischen Männern und Frauen derzeit. Die VdK-Frauen wollen sich künftig für mehr Gerechtigkeit einsetzen und die Forderung „Lohnlücke zwischen Männern und Frauen schließen" konsequent verfolgen.

Die VdK-Landesverbandsfrauenvertreterin Gunda Menkens (links) mit den Kreisfrauen und den Gästen Friedrich Stubbe und Peter Augustin.

Aktuelle Leistungen des Sozialverbands VdK Niedersachsen-Bremen

Sozialpolitische Interessenvertretung

Zu den Kernaufgaben des Sozialverbands VdK Niedersachsen-Bremen zählt die sozialpolitische Interessenvertretung seiner Mitglieder. Als ihr Sprachrohr setzt sich der Verband für die Belange von sozial Benachteiligten ein und macht sich für soziale Gerechtigkeit auf Bundes-, Landes- und kommunaler Ebene stark. Ziel ist eine solidarische Gesellschaft, die allen Menschen ein würdiges Leben sichert und echte Teilhabe ermöglicht.

Informationsveranstaltungen und Kampagnen wie „Weg mit den Barrieren", „Soziale Spaltung stoppen" und „#Rentefüralle" haben zum Beispiel in den vergangenen Jahren öffentlichkeitswirksam auf soziale Missstände aufmerksam gemacht. Daneben gehört es aber auch zur Aufgabe des VdK, durch intensive Pressearbeit mit Stellungnahmen auf sozialpolitische Gesetzesvorhaben einzuwirken. Eine weitere Möglichkeit der Einflussnahme bietet die Mitarbeit in politischen Gremien wie Beiräten und Ausschüssen. Hier bringen sich zahlreiche Ehrenamtliche des VdK Niedersachsen-Bremen aus allen Verbandsstufen ein, um auf Orts-, Kreis- und Landesebene die Sozialpolitik im Land mitzubestimmen. Ob es um die Bereiche Gesundheits- und Pflegepolitik geht, um Behindertenbeiräte oder Verbesserungen bei Arbeitsbedingungen und der Rente – der VdK mischt sich ein.

Im Sozialpolitischen Ausschuss werden zudem regelmäßig aktuelle Themen diskutiert und die Positionen des VdK erarbeitet. Jährlich zur Landesverbandskonferenz sowie auf dem alle vier Jahre stattfindenden Landesverbandstag werden die Forderungen in Form einer Sozialpolitischen Resolution festgeschrieben.

Gespräche mit Politikern

Mit der direkten Betreuung durch die vielen Ehrenamtlichen vor Ort hat der Sozialverband VdK Niedersachsen-Bremen immer ein offenes Ohr für seine Mitglieder. Welche Gesetze beispielsweise nicht zielgerichtet bei den Bürgern ankommen oder welche Reform dringend nachgebessert werden muss, weiß der VdK Niedersachsen-Bremen mit seinen inzwischen über 110 000 Mitgliedern somit sehr genau. In regelmäßigen Abständen suchen VdK-Vertreterinnen und VdK-Vertreter das Gespräch mit Landes- und Regionalpolitikern, um mit ihnen über bestehende Ungerechtigkeiten zu sprechen und Nachbesserungen einzufordern. Hier einige Beispiele aus den Jahren 2017 bis 2019:

Auf ein Wort mit…

... Stephan Weil

Kurz vor der Bundestagswahl 2017 trafen ehrenamtliche Mitarbeiterinnen und Mitarbeiter des VdK den Niedersächsischen Ministerpräsidenten Stephan Weil beim Tag des Ehrenamts in Celle. Er würdigte ihr ehrenamtliches Engagement und zeigte großes Interesse am Einsatz des Sozialverbands VdK für die Gesellschaft. Dieses Treffen nutzten die Ehrenamtlichen, um mit

Der Niedersächsische Ministerpräsident Stephan Weil (Mitte) 2017 im Gespräch mit den Ehrenamtlichen des VdK-Kreisverbands Celle.

dem Ministerpräsidenten über die sozialpolitischen Forderungen im Rahmen der VdK-Aktion „Soziale Spaltung stoppen!“ zu sprechen. Themen waren dabei das sinkende Rentenniveau, die damit einhergehende Bekämpfung von Altersarmut und die Abschaffung der Abschläge auf Erwerbsminderungsrenten.

... Carola Reimann

Auf Landesebene war Niedersachsens Gesundheits- und Sozialministerin Carola Reimann erste Ansprechpartnerin für die Themen des VdK. Mit ihr trafen sich etwa im Jahr 2018 VdK-Landesverbandsgeschäftsführer Holger Grond und VdK-Landesverbandsvorsitzender Friedrich Stubbe, um Änderungen zu den geplanten sozialpolitischen Maßnahmen zu besprechen. Dabei ging es um die Neuerungen bei der Mütterrente. Seit Januar 2019 erhalten Mütter von vor 1992 geborenen Kindern einen halben Rentenpunkt mehr, also insgesamt 2,5 Punkte. Die zuvor geplante Ungleichbehandlung, wonach Rentenpunkte nach Anzahl der Kinder zugewiesen werden sollten, hatte der Sozialverband VdK Niedersachsen-Bremen scharf kritisiert. Die erfolgte Änderung sei demnach ein erster Schritt in die richtige Richtung. „Wir werden uns aber weiter für eine vollständige Angleichung mit drei Rentenpunkten stark machen“, erklärte VdK-Landesverbandsvorsitzen-

Trafen sich 2018 zum Austausch: Niedersachsens Gesundheits- und Sozialministerin Carola Reimann, VdK-Landesverbandsvorsitzender Friedrich Stubbe und VdK-Landesverbandsgeschäftsführer Holger Grond.

der Friedrich Stubbe. Zudem plante die Ministerin, den Pflegeberuf attraktiver zu gestalten. Geschäftsführer Holger Grond mahnte jedoch an, dass damit auch eine bessere Bezahlung einhergehen müsse. Diese zusätzlichen Kosten dürften aber nicht auf die Pflegebedürftigen abgewälzt werden, die schon jetzt für den Großteil der Kosten selbst aufkommen müssen und damit finanziell völlig überfordert sind. Immer mehr Heimbewohner müssten bereits Hilfe zur Pflege beantragen. Allein 2017 waren schon mehr als 230 000 Personen auf diese staatliche Leistung angewiesen. Er verwies dabei auf die Forderung des VdK, dass alle pflegerischen Leistungen von der Pflegekasse übernommen werden sollten.

... Björn Thümler

Zur Diskussionsrunde in seiner Heimat lud der VdK-Kreisverband Wesermarsch den Minister für Wissenschaft und Kultur, Björn Thümler, ein. Im Jahr 2019 musste der Landtagsabgeordnete dabei auch zu kritischen Themen Rede und Antwort stehen, die die VdK-Mitglieder beschäftigen. So ging es etwa um die Schließung der letzten Geburtshilfe-Station in der Wesermarsch. Thümler zeigte Verständnis für den Unmut darüber und sprach sich dafür aus, diesen Bereich in die gesetzliche Grundversorgung der Krankenhäuser aufzunehmen, wie es in anderen Bundesländern bereits üblich sei. Ein weiterer Diskussionspunkt waren senioren- und behindertengerechte Wohnungen: „Dieses Thema muss weiter befeuert werden“, stimmte Thümler dem VdK-Vorstand zu. Dazu zwinge allein schon dic demographische Entwicklung der Gesellschaft, in der in Zukunft immer mehr ältere und bewegungseingeschränkte Menschen leben werden. Björn Thümler gehört dem VdK bereits seit mehreren Jahren an.

Der Niedersächsische Minister für Wirtschaft und Kultur Björn Thümler (Zweiter von links) 2019 im Gespräch mit den Ehrenamtlichen des VdK-Kreisverbands Wesermarsch.

Dafür steht der VdK: Sozialpolitische Forderungen

Der Sozialverband VdK ist die größte Interessenvertretung für Sozialversicherte, Rentner und Menschen mit Behinderung. Als gemeinnütziger und unabhängiger Verband mit einer starken Lobby nimmt der VdK aktiv Einfluss auf die Sozialgesetzgebung. Dabei geht es um die Themen Rente, Armut, Pflege, Barrierefreiheit und Integration. Diese Forderungen bleiben bei über 2,3 Millionen VdK-Mitgliedern in ganz Deutschland und inzwischen über 110 000 in Niedersachsen und Bremen nicht unbeachtet. Das machen Erfolge wie die Anhebung der Mütterrente, Fortschritte bei der Erwerbsminderungsrente, die Einführung des Mindestlohns oder die Änderung des Bundesteilhabegesetzes in den letzten Jahren deutlich. Doch auch weiterhin gibt es viel zu tun, wie die Sozialpolitischen Forderungen des VdK zeigen.

Die Delegierten der alle vier Jahre stattfindenden Landesverbandskonferenzen des Sozialverbands VdK Niedersachsen-Bremen fordern alle demokratischen Parteien immer wieder dazu auf, die zweifelsfrei zur Verfügung stehenden finanziellen Mittel zur Schaffung von mehr sozialer Gerechtigkeit einzusetzen. Dies bedeutet insbesondere, die Leis tungen in der gesetzlichen Rentenversicherung, dem Gesundheitswesen, der Pflege und für die Teilhabe behinderter Menschen am gesellschaftlichen Leben zu verbessern.

Gerechte Rente für alle Erwerbstätigen

Es sollen alle Erwerbstätigen in die gesetzliche Rentenversicherung einzahlen. Durch die Einbeziehung von Beamten, Selbstständigen und Politikern wird die Rente gerechter für alle. Die Einführung der Grundrente ab 2021 ist ein erster Erfolg für den VdK. Niedrige Renten von besonders langjährig Versicherten werden aufgewertet, die Lebensleistung der Rentnerinnen und Rentner erfährt dadurch den nötigen Respekt.

Mütterrente muss vollständig angeglichen werden

Es ist nicht hinnehmbar, dass bei der Mütterrente mit einer Stichtagsregelung Unterschiede zwischen jüngeren und älteren Müttern gemacht werden. Allen Müttern müssen drei Kindererziehungsjahre für die Rente angerechnet werden.

Erwerbsminderung darf nicht zur Armutsfalle werden

Die bisherigen Abschläge auf die Erwerbsminderungsrente von bis zu 10,8 Prozent sind untragbar und müssen, sowohl bei den derzeit gezahlten Renten als auch bei den zukünftigen Renten, abgeschafft werden.

Altersrente für besonders langjährig Versicherte

Der VdK fordert einen besseren Zugang zur Altersrente für besonders langjährig Versicherte. Nach 45 Jahren harter Arbeit darf das Zugangsalter nicht gestaffelt bzw. angehoben werden. Auch müssen Zeiten der unverschuldeten Arbeitslosigkeit in den letzten zwei

Jahren vor Rentenbeginn angerechnet werden.

Bessere Nachsorgebehandlungen nach einer medizinischen Rehabilitation

Medizinische Rehabilitationen können Erwerbsminderung verhindern. Allerdings werden Menschen nach einer Reha-Maßnahme oft allein gelassen und die Einschränkungen treten schnell erneut auf. Dies könnte durch Anschlussbehandlungen vermieden werden.

Inklusion ernsthaft umsetzen

Die UN-Behindertenrechtskonvention erklärt unmissverständlich: Alle Menschen sollen gleichberechtigt am gesellschaftlichen Leben teilhaben können. Diese uneingeschränkte Teilhabe darf nicht an fehlenden finanziellen Mitteln scheitern.

Kurzzeitpflegeplätze schaffen

Mehr als 70 Prozent der Pflegebedürftigen werden von ihren Angehörigen gepflegt. Dabei ist die Pflege meist mit psychischer und physischer Belastung verbunden. Umso wichtiger ist es für die pflegenden Angehörigen, auch einmal aus dem häuslichen Umfeld herauszukommen und abschalten zu können. Eine planbare Auszeit scheitert jedoch häufig am Mangel der verfügbaren Kurzzeitpflegeplätze. Die Landcsregierung verspricht eine Förderung von dauerhaften Kurzzeitpflege-

VdK-Landesverbandskonferenz fordert: Finanzielle Mittel für mehr soziale Gerechtigkeit einsetzen!

plätzen in vollstationären Pflegeeinrichtungen. Wann und wie dies umgesetzt werden soll, ist aber noch unklar.

Wohnen im Heim bezahlbar machen

Durch höhere Löhne und mehr Personal werden die Pflegekosten im Pflegeheim in nächster Zeit deutlich steigen. Die Pflegebedürftigen und ihre Angehörigen, die bereits jetzt für einen Großteil der Heimkosten selbst aufkommen müssen, werden damit überfordert. Der Anstieg der Eigenfinanzierung der Betroffenen und die weiter steigende Sozialhilfeabhängigkeit müssen schnellstens gestoppt und zurückgeführt werden. Mittelfristig müssen alle pflegerischen Leistungen von der Pflegeversicherung übernommen werden.

Transparenz und Auskunft

Etliche der zahlreichen unterschiedlichen Leistungen der Pflegekasse bei häuslicher Pflege werden gar nicht oder nicht rechtzeitig in Anspruch genommen. Grund hierfür ist, dass die Regelungen unübersichtlich sind und die Pflegebedürftigen oder ihre Angehörigen nicht offensiv über die bestehenden Ansprüche aufgeklärt werden.

VdK-Rechtsschutz: Über 40 Millionen Euro Nachzahlungen in vier Jahren durchgesetzt

Die Fachkompetenz des Sozialverbands VdK Niedersachsen-Bremen ist das Sozialrecht. Der Verband versteht sich als Anwalt der benachteiligten Menschen und setzt sich für ihre Belange ein. VdK-Juristinnen und VdK-Juristen beraten die Mitglieder in den Bereichen Rente, Gesundheit, Pflege oder Behinderung und vertreten sie gegenüber Behörden und Versicherungsträgern.

Dabei geht es um Anträge und Widersprüche, aber auch um Klagen und Berufungen vor den zuständigen Sozialgerichten. So führten die VdK-Beraterinnen und VdK-Berater zum Beispiel allein in den Jahren 2021 bis 2024 insgesamt über 6000 Rechtsstreite. Vor den Sozialgerichten wurden rund 12 Millionen Euro für die Mitglieder erstritten. Durch die zusätzlichen Antrags- und Widerspruchsverfahren kamen weitere Nachzahlungen von über 30 Millionen Euro zusammen. Insgesamt ergibt sich so eine Summe von über 40 Millionen Euro bei über 50 000 durchgeführten Verfahren. Besonders häufig nachgefragt werden in den Beratungen die Themen Anerkennung einer Schwerbehinderung und Erwerbsminderungsrente. Vor allem bei der Rentenver-

Im persönlichen Gespräch beraten die VdK-Juristinnen und -Juristen ihre Mitglieder.

sicherung wurden in den letzten fünf Jahren fast 34 Millionen Euro Nachzahlungen erwirkt, dies bezieht sich zu einem sehr großen Teil auf die rückwirkende Bewilligung von Erwerbsminderungsrenten. Hinzu kommen weitere Erfolge, etwa wenn mit Hilfe des VdK ein schwerbehindertes Mitglied ein Merkzeichen oder einen höheren Grad der Behinderung erhält, wenn die Einstufung in einen Pflegegrad erfolgreich verläuft oder die Krankenversicherung notwendige Hilfsmittel zahlt.

Der weiterhin hohe Bedarf an Hilfe bei der Durchsetzung von sozialrechtlichen Ansprüchen – rund 40 Prozent der Neumitglieder benötigen juristische Beratung – zeigt, wie wichtig die Arbeit des VdK ist und wie sehr die Menschen in der heutigen Zeit einen starken Partner im Sozialrecht an ihrer Seite brauchen. Denn die Gesetzgebung wird von Reform zu Reform undurchsichtiger. Die hohen Nachzahlungen zeigen außerdem, wie häufig Sozialleistungen, die den Mitgliedern eigentlich zustehen, erst einmal abgelehnt werden. Dabei handelt es sich keineswegs um einen Gnadenakt des Staates, die Menschen haben einen gesetzlichen Anspruch darauf.

In ganz Niedersachsen und Bremen ist der VdK mit insgesamt 26 Geschäftsstellen vertreten. Hier beraten hauptamtliche Mitarbeiterinnen und Mitarbeiter die Mitglieder. Darüber hinaus gibt es zahlreiche Außenberatungsstellen in vielen Ortsverbänden, die regelmäßig besetzt sind, um den Mitgliedern eine möglichst wohnortnahe Beratung zu bieten. Um der hohen Nachfrage gerecht zu werden, wurden in den vergangenen Jahren zwei zusätzliche Geschäftsstellen für die Kreise Vechta-Diepholz und Wittmund eingerichtet sowie mehrere bestehende Räumlichkeiten renoviert und weitgehend barrierefrei gestaltet.

Digitalisierung im Sozialrecht: Elektronische Akte wird seit 2020 eingeführt

Anträge, Widersprüche und Klagen in Papierform haben die VdK-Juristinnen und Juristen in den vergangenen Jahren sprichwörtlich „zu den Akten gelegt“. Seit Mitte 2020 werden neue Verfahren der Mitglieder elektronisch erfasst und die klassische Papierakte wurde damit schrittweise abgelöst.

In mehreren Schulungen der EDV-Service GmbH wurden in Oldenburg fast 90 Mitarbeiterinnen und Mitarbeiter des VdK-Landesverbands für den Umstieg auf das neue System VdK-Mandant vorbereitet. Aus der täglichen Arbeit und Anwendung resultieren seitdem laufende Verbesserungen und Erweiterungen an der Software.

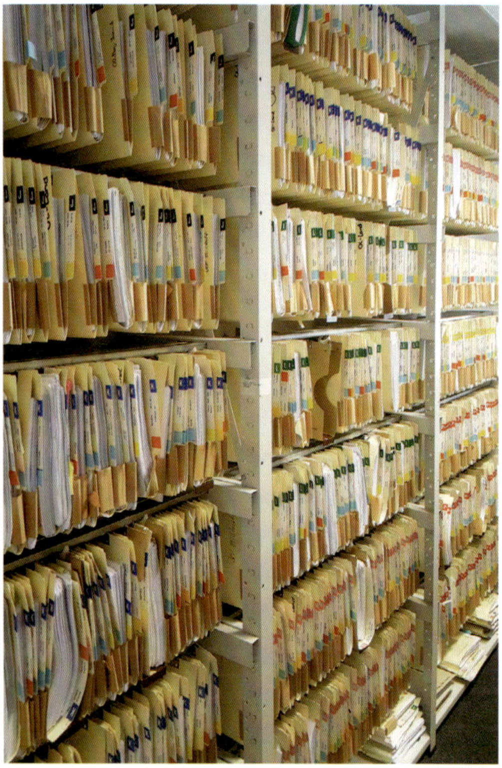

Blick in das bisherige Aktenarchiv.

Die Vorteile der elektronischen Akte sind nicht von der Hand zu weisen: Alle Informationen zu einem Mitglied und die Dokumente zu dessen Verfahren sind an einem Ort zusammengefasst – medizinische Befunde, juristische Beratungsnotizen, E-Mails von Behörden oder eingesehene Verwaltungsakten. Auch ein Kalender zur Koordinierung der Beratungstermine ist mit der elektronischen Mandantenverwaltung verknüpft. In der Datenbank befinden sich zudem Vorlagen für wiederkehrende Standardschreiben. Daten der Bescheide etwa können automatisch in Klageschriften eingefügt werden, sodass zeitraubende Überprüfungen entfallen. Und nach einem erfolgreichen Verfahren wird das Schreiben, mit dem die Verfahrenspauschale zur Erstattung geltend gemacht wird, automatisch generiert und an die Behörden verschickt. „Diese Umstellung ist schon eine enorme Arbeitserleichterung für unsere Assistentinnen in ihrer täglichen Arbeit. Und die Juristinnen und Juristen werden durch die Software dahingehend entlastet, dass sie sich ganz auf die individuelle Beratung unserer Mitglieder und die Begründung der Anliegen konzentrieren können“, erklärt Markus Göke, Leiter der VdK-Landesrechtsabteilung in Oldenburg und verantwortlich für die Umsetzung der E-Akte im Landesverband.

„Mit der Digitalisierung unserer Mandantenverwaltung sind wir beim VdK Niedersachsen-Bremen einen großen Schritt in Richtung eines modernen Sozialverbands gegangen“, betont auch Landesverbandsgeschäftsführer Holger Grond. Über ein elektronisches Behör-

Schulung zur elektronischen Akte in der Oldenburger VdK-Landesverbandsgeschäftsstelle.

den- und Organisationspostfach (eBO) können seit 2023 aus VdK-Mandant heraus direkt Dokumente an die Gerichte verschickt bzw. empfangen werden. Seit Mitte 2024 gilt das nun auch für die Kommunikation mit Behörden wie der Deutschen Rentenversicherung. Unterlagen für die Mitglieder können aus VdK-Mandant heraus mit einer Download-Funktion datenschutzkonform über einen Link und eine PIN-Nummer auf das Handy bereitgestellt werden. Auf Wunsch – und zurzeit noch im Regelfall – informieren die Juristinnen und Juristen. ihre Mitglieder aber auch weiter auf dem Postweg über deren Verfahrensverlauf. „Wir gehen dabei natürlich individuell auf die Bedürfnisse unserer Mitglieder ein – nicht jeder kann oder möchte den digitalen Weg gehen, und das ist auch in Ordnung", erklärt Markus Göke.

Ein weiterer Pluspunkt der elektronischen Akte ist die Nachhaltigkeit: Durch das Scannen von Originaldokumenten und den überwiegend digitalen Schriftverkehr wird enorm viel Papier eingespart. Dadurch verringert sich auch die Unterhaltung eines sehr großen Archivs, wie es früher notwendig war. Denn die Anzahl der Akten ist in den letzten Jahren immer weiter gestiegen – und damit auch der Platzbedarf. Allein von 2021 bis 2024 wurden einige Tausend neue Verfahren bearbeitet. Da Akten mehrere Jahre aufbewahrt werden müssen, hatte es vor der Umstellung auf die E-Akte immer wieder Platzprobleme beim VdK-Landesverband und auch in den VdK-Kreisgeschäftsstellen gegeben.

Für die kontinuierliche Weiterentwicklung der Software VdK-Mandant und für Rückfragen stehen im VdK-Landesverband drei Assistentinnen sowie Markus Göke als Projektleiter und zusätzlich ein Support der EDV-Service GmbH beratend zur Seite. *„Die Einführung der elektronischen Akte war eine wesentliche Neuerung für den VdK. Alle Mitarbeiterinnen und Mitarbeiter haben hervorragend bei der Umstellung mitgewirkt, sodass es heute ganz selbstverständlich ist, damit zu arbeiten. Inzwischen können wir auf viel Anwenderwissen zu der Software in den Geschäftsstellen zurückgreifen, was auch bei der Einarbeitung neuer Mitarbeiterinnen und Mitarbeiter ein enormer Vorteil ist"*, freut sich Göke.

Schulungen im VdK-Hauptamt

Einmal im Jahr kommen die VdK-Kreisverbandsgeschäftsführerinnen und -geschäftsführer zu einer Rechtsschutztagung zusammen, um sich in aktuellen sozialrechtlichen Themen fortzubilden. Außerdem ist der regelmäßige Austausch untereinander wichtig, um die Arbeitsabläufe in den VdK-Geschäftsstellen aufeinander abzustimmen und die Beratung der Mitglieder kontinuierlich zu optimieren.

Die Schwerpunkte der juristischen Fortbildungen lagen in den vergangenen Jahren auf der Einführung neuer Sozialgesetze, wie zum Beispiel das Pflegestärkungsgesetz II und die damit verbundenen Neuerungen. Bei den Tagungen war auch die Einführung der elektronischen Akte ein kontinuierliches Thema.

Aber nicht nur rechtliche Neuerungen waren bei den Schulungen Thema: So wurden auch die neuesten Entwicklungen im Verband diskutiert wie etwa der Umgang mit den erhöhten Erwartungen aus der Mitgliedschaft. Dabei standen neben der positiven Mitgliederentwicklung auch die stetige Mitgliederfluktuation auf dem Programm. Zudem waren Verbesserungen für die Arbeitsabläufe in den 26 Geschäftsstellen ebenso Inhalte wie der Datenschutz. Beim Thema Presse- und Öffentlichkeitsarbeit ging es um die Außendarstellung. Welche Änderungen im Sozialrecht, Tipps und Informationen können Mitgliedern und Interessierten an die Hand gegeben werden? Und wie kann mit der Berichterstattung über erfolgreiche Fälle aus der Rechtsberatung auf sozialpolitische Missstände hingewiesen werden? Thema jeder Zusammenkunft ist stets auch die Zusammenarbeit mit dem Ehrenamt. Hier unterstützen die VdK-Juristinnen und -Juristen etwa als Referenten bei Vorträgen zu sozialrechtlichen und sozialpolitischen Fragen. Die Anerkennung einer Schwerbehinderung, Vorsorge im Ernstfall oder Inhalte rund um die Erwerbsminderung werden besonders häufig nachgefragt.

So hilft der Sozialverband VdK

Kompetente Sozialrechtsberatung ist das Markenzeichen des Sozialverbands VdK. Unter dem Motto „So hilft der VdK" werden regelmäßig Fälle vorgestellt, bei denen die VdK-Juristinnen und Juristen den Mitgliedern zu ihrem Recht verholfen und ihre Ansprüche etwa gegenüber Behörden oder Versicherungen durchgesetzt haben. In mehreren tausend Ver-

Einmal jährlich kommen die VdK-Juristinnen und Juristen aus Niedersachsen und Bremen zu einer Rechtsschutztagung mit Schulung und Erfahrungsaustausch zusammen.

fahren werden jährlich Millionenbeträge an Nachzahlungen erwirkt. Die nachfolgenden Fälle geben einen Einblick in die Arbeit des Sozialverbands VdK Niedersachsen-Bremen:

VdK setzt Unfallrente durch

Zuerst sah alles aus wie ein harmloser Arbeitsunfall. Doch dann entwickelte sich eine schwerwiegende Krankheit daraus. Steffen Abel litt zunehmend unter unerträglichen Schmerzen und konnte nicht mehr arbeiten gehen. Doch die Berufsgenossenschaft erkannte den Arbeitsunfall nicht an, Steffen Abel stand ohne finanzielle Mittel da. Erst mithilfe des VdK-Kreisverbands Göttingen gelang es ihm, eine Unfallrente durchzusetzen. Über diesen Erfolg berichtete das VdK-TV.

Kasse zahlt 17 000 Euro für E-Rolli

VdK-Mitglied Erika Bracht* (80) ist schwerbehindert, schwerhörig und gehbehindert. Als sich ihr Gesundheitszustand so stark verschlechtert, dass sie selbst mit dem Rollator nur noch wenige Schritte gehen kann, stellt sie bei ihrer Krankenkasse einen Antrag auf einen Elektro-Rollstuhl (E-Rolli). Diese lehnt jedoch eine Kostenübernahme ab, angeblich sei Erika Bracht wegen Beeinträchtigungen beim Sehen und Hören nicht fahrtauglich. Mit Hilfe des VdK in Hameln legt sie Widerspruch ein, worauf die Krankenkasse lange Zeit nicht reagiert. Schließlich stellt sich heraus, dass die Kasse versäumt hatte, fristgerecht über den Antrag des VdK-Mitglieds zu entscheiden. Umso größer ist die Freude, als dann die Kosten des mittlerweile selbst angeschafften E-Rollis in Höhe von 17 000 Euro vollständig erstattet werden.

Arbeitsunfall nach 30 Jahren anerkannt

Ein Verkehrsunfall vor 30 Jahren hat das Arbeitsleben von Hermine Müller* nachhaltig beeinträchtigt. Eine Verletztenrente bekam sie trotz starker gesundheitlicher Einschränkungen nie, denn laut Berufsgenossenschaft seien die Beschwerden nur zum Teil unfallbedingt. Bis sich der Sozialverband VdK einschaltet. „Unser Mitglied hat sehr lange um die Anerkennung der Verletztenrente kämpfen müssen. Erst im von uns geführten Widerspruchsverfahren lenkte die Berufsgenossenschaft ein“, erklärt VdK-Kreisverbandsgeschäftsführerin Maria von Grönheim aus Celle den Fall. Denn die Berufsgenossenschaft konnte keine medizinische und logische Begründung dafür liefern, dass ein Teil der Beschwerden nicht unfallbedingt sei, wie zuvor behauptet. So erhält Frau Müller letztlich doch eine Verletztenrente – auch rückwirkend für die vergangenen Jahre.

Im VdK-TV informierte VdK-Kreiverbandsgeschäftsführer Toralf Schmitt über die erfolgreich durchgesetzte Unfallrente eines VdK-Mitglieds.

Kostenübernahme für Therapiedreirad bewilligt

Nach einem Schlaganfall ist Martin Sachs* durch eine halbseitige Lähmung stark in seiner Mobilität eingeschränkt und benötigt für seinen Arbeitsweg ein spezielles Therapiedreirad. Doch die Renten- und Krankenversicherung lehnen den Antrag auf Hilfsmittelversorgung ab, weil das Dreirad auch Vorteile für das tägliche Leben bieten würde. VdK-Jurist Thomas Feldmeier aus Aurich ist anderer Meinung: „Herr Sachs ist zwingend auf dieses Hilfsmittel angewiesen, um am Arbeitsleben teilhaben und seinen Beruf ausüben zu können." Auf der autofreien Insel Juist käme für den stark beeinträchtigten Mann nur das Dreirad als Fortbewegungsmittel in Frage. Weiter verweist Feldmeier auf die Kraftfahrzeug-Beihilfe etwa für Querschnittsgelähmte, bei denen das Auto zwar auch privat genutzt wird, jedoch in erster Linie beruflichen Zwecken dient. Diese Begründung überzeugt die Versicherung schließlich: Der Antrag wird genehmigt und die Kosten von rund 6000 Euro für das zwischenzeitlich selbst finanzierte Therapiedreirad werden erstattet.

* Name von der Redaktion geändert

Rentenberatung in den VdK-Geschäftsstellen

Neben der allgemeinen Beratung im Sozialrecht bietet der Sozialverband VdK Niedersachsen-Bremen in seinen Räumen auch spezielle Rentenberatungen an. Diese werden von Versichertenältesten der Deutschen Rentenversicherung durchgeführt.

Das kostenlose Beratungsangebot steht nicht nur Mitgliedern, sondern allen Interessierten zur Verfügung. Durch Werbung im VdK-Ehrenamt, über Mund-zu-Mund-Propaganda und regelmäßige Hinweise in der örtlichen Presse wird diese Unterstützung in Rentenangelegenheiten besonders gerne angenommen. Aktuell gibt es Kooperationen mit insgesamt 13 Versichertenältesten, die ihre Beratungen in den Räumlichkeiten der VdK-Geschäftsstellen anbieten. Diese ehrenamtlichen Beraterinnen und Berater führen Rentenberatungen durch und entlasten damit gleichzeitig die VdK-Hauptamtlichen.

Termine für die Rentenberatungen werden über die jeweilige Geschäftsstelle vereinbart und koordiniert. Im Gegenzug bescheren die Versichertenältesten dem Sozialverband VdK auch neue Mitglieder, wenn etwa ein Rentenantrag abgelehnt wurde und Widerspruchsverfahren durch den VdK angestrebt werden müssen.

Kooperationen: Vorteile, Vergünstigungen und Reiseangebote für VdK-Mitglieder

Kostenlos erhalten Mitglieder und Ehrenamtliche die zehnmal jährlich erscheinende VdK-Zeitung, in der über die Aktivitäten des Verbands – besonders in der Sozialpolitik – und über Ansprüche und Leistungen informiert wird. Auf den Webseiten der einzelnen Verbandsstufen sind aktuelle sozialpolitische Themen, Hintergründe und VdK-Veranstaltungen rund um die Uhr abrufbar. Der monatliche

Plakat zur Rentenkampagne 2019

Newsletter sowie eine eigene Seite bei Facebook und Instagram vervollständigen die Informationspalette des Verbands für Mitglieder und Interessierte.

Zu verschiedenen Themen aus dem Sozial- und Behindertenrecht bietet der VdK darüber hinaus zuverlässige und allgemeinverständliche Informationen. Eigens erstellte Broschüren zu den Bereichen Pflege und Vorsorge liefern Vorlagen, zum Beispiel zum Erstellen einer Patientenverfügung, sowie wertvolle Tipps für Pflegebedürftige und ihre Angehörigen.

Als gemeinnützige Organisation ist der Sozialverband VdK Niedersachsen-Bremen selbstlos tätig und darf keine Gewinne generieren. Alle wirtschaftlichen Betätigungen des Landesverbands werden deshalb ausschließlich über die VdK Einkaufs- und Versicherungsservice GmbH abgewickelt, um den gemeinnützigen Verein nicht zu belasten.

Sie wurde eingerichtet, um den VdK-Mitgliedern neben einer qualifizierten Rechtsberatung, einer konsequenten Interessenvertretung und einem aktiven Verbandsleben vor Ort weitere Vorteile zu bieten. Durch Kooperationen mit verschiedenen Servicepartnern profitieren die Mitglieder von attraktiven Leistungen und Vergünstigungen. In Zusammenarbeit mit der ERGO Versicherungsgruppe können verschiedene kostengünstige Versicherungen abgeschlossen werden. Über die Sonotel gGmbH bietet der VdK seinen Mitgliedern ein modernes Hausnotrufsystem. Es gibt gerade älteren und behinderten Menschen Sicherheit und er-

SONOTEL
www.sonotel-hausnotruf.de

möglicht ihnen ein selbstständiges Leben zu Hause.

Eine weitere Vereinbarung gibt es mit der Lohnsteuerhilfe Bayern e.V. Hier wird VdK-Mitgliedern die Aufnahmegebühr erlassen, so-

lohi
Das lohnt sich.

dass eine preisgünstige Beratung im Steuerrecht möglich ist. Besonders der Reisedienst des Landesverbands erfreut sich bei den Mitgliedern großer Beliebtheit. Hierüber werden in Zusammenarbeit mit namhaften Reiseveranstaltern VdK-Reisen in Deutschland und teils auch im europäischen Ausland angeboten. Die aktuellen Angebote werden jeweils in der VdK-Zeitung und auf den Webseiten veröffentlicht.

Das Ehrenamt – Gesicht des VdK und starke Stütze unserer Gesellschaft

Rund 2000 Ehrenamtliche engagieren sich zurzeit im Sozialverband VdK Niedersachsen-Bremen, darunter 57,2 Prozent Frauen und 42,8 Prozent Männer. Von 2020 bis 2024 ist ein Plus von 6,4 Prozent Ehrenamtlichen zu verzeichnen. Das Durchschnittsalter beträgt 69 Jahre.

„Euer Veranstaltungsangebot vor Ort ist unser stärkstes Schwert, denn mit einem aktiven Verbandsleben in den Gemeinden und Kommunen gestaltet ihr die Mitgliedschaft im VdK attraktiver“, lobt VdK-Landesverbandsgeschäftsführer Holger Grond die Ehrenamtlichen. Es gebe keine starren Vorgaben in der Vorstandsarbeit, sondern jeder kann sich mit Ideen individuell einbringen – durch diese Flexibilität entstehe ein „bunter Blumenstrauß“ an verschiedenen monatlichen Aktivitäten für die Mitglieder, vom Klön-Nachmittag über Ausflüge und Theaterabende bis hin zum Politiker-Speed-Dating vor Wahlen.

Ein wichtiges Fundament des VdK

Ob Ältere oder Jüngere, Kranke oder Menschen mit Behinderung – der VdK hilft nicht nur in sozialrechtlichen Fragen und vertritt die Interessen seiner Mitglieder, sondern ist vor allem eine große Gemeinschaft, in der das solidarische Miteinander aktiv gelebt wird.

Das Fundament des Sozialverbands VdK Niedersachsen-Bremen bilden die rund 2000 Ehrenamtlichen. Sie engagieren sich freiwillig

als Vorstandsmitglied im Orts-, Kreis- oder Landesverband, als Pflegelotse oder zum Beispiel in der Behindertenvertretung.
Für die Mitglieder vor Ort sind sie erster Ansprechpartner im VdK. Sie lassen durch Veranstaltungen und Unternehmungen eine feste Gemeinschaft entstehen, gewinnen neue Mitglieder hinzu und stehen mit Rat und Tat zur Seite, wenn Hilfe oder ein offenes Ohr nötig sind. Diese Menschen leben die zentralen Werte des VdK: Solidarität, Menschlichkeit, Engagement.
Bei abwechslungsreichen Freizeitaktivitäten wie Tagesausflügen, Reisen und gemeinsamen Feiern stehen Geselligkeit und aktives Miteinander im Vordergrund. Mit Informationsveranstaltungen zur Sozialpolitik oder zu Gesundheitsthemen und Pflege halten die Ehrenamtlichen ihre Mitglieder zudem auf dem Laufenden. Kurz-um: Ihr Einsatz hat eine wichtige gemeinschaftsbildende Funktion, die für unseren Sozialstaat von großer Bedeutung ist.
Wer sich ehrenamtlich engagieren möchte, dem bietet der VdK zahlreiche Möglichkeiten: ob Vorstandsarbeit, Organisation von Veranstaltungen oder Mitgliederbetreuung. Hier kann jeder seine persönlichen Kompetenzen und Interessen einbringen, jährliche Schulungen bieten die Möglichkeit für Weiterbildungen. Voraussetzungen für ein Ehrenamt sind Freude an sozialen Kontakten und der Arbeit im Team, Kommunikation mit den Mitgliedern und natürlich Begeisterung für die Verbandsarbeit.

Ehrenamtliche in den Kreis- und Ortsverbänden

Ehrenamtliches Engagement wird beim Sozialverband VdK Niedersachsen-Bremen großgeschrieben. In den zahlreichen Kreis- und Ortsverbänden sind die rund 2000 Ehrenamtlichen engagiert und formen eine Gemeinschaft vor Ort. In 32 Kreisverbänden und rund 250 Ortsverbänden ist der VdK-Landesverband in beiden Bundesländern Niedersachsen und Bremen intensiv vertreten. Einen der rund 250 Ortsverbände gibt es in fast jedem Wohnort oder gleich nebenan.

Vielfältige Aufgabenbereiche

- Vorbereitung und Durchführung von Veranstaltungen, Fahrten und anderen Freizeitaktivitäten,
- soziale und kulturelle Mitgliederbetreuung,
- Besuche von Mitgliedern,
- Teilnahme an Info-Ständen,
- Gestaltung der Internetseite des Ortsverbands
- und vieles andere mehr.

Das wird geboten

- Spaß, Freude und Geselligkeit,
- neue Kontakte und ein tolles Team,
- Einarbeitung und Weiterbildungsmöglichkeit,
- Auslagenerstattung, Ehrenamtsnachweis, Versicherungsschutz,
- individuelle inhaltliche Gestaltung des Ortsverbands und Kreisverbands,
- finanzielle Unterstützung bei der Mitgliederbetreuung,
- viel Freiraum für eigene Ideen.

Geschult werden die Ehrenamtlichen des VdK in speziellen Seminaren in Niedersachsen und Bremen.

Ich engagiere mich im VdK: Ehrenamtliche und ihre Motivation

„Seit ich als Jugendlicher ehrenamtlich betreut wurde, war mir klar, dass ich mich irgendwann auch selbst engagieren und diese Verantwortung übernehmen möchte. Das Ehrenamt beim VdK hat mich aber auch gereizt, weil der Verband so groß ist – deutschlandweit sind wir über 2,3 Millionen Mitglieder. Deshalb können wir nicht nur im Kleinen hier vor Ort etwas bewirken, sondern auch bei wichtigen Entscheidungen, etwa in der Sozialpolitik, hat die Stimme des VdK ein enormes Gewicht. Es

Holger Beyer (Ehrenamt seit 2003)

© Peter Himsel

ist einfach toll, Mitglied dieser starken Gemeinschaft zu sein und gleichzeitig etwas zurückzugeben, indem ich anderen Menschen behilflich sein kann."

„Vor knapp 20 Jahren wurde meinem Mann in der Rechtsberatung so gut geholfen, dass mich dieser Verband von Anfang an begeistert hat. Mittlerweile ist der VdK ein ganz wichtiger Teil in meinem Leben geworden! Ich unterstütze gleich mehrere Ortsverbände bei uns in der Region und bin Vorsitzende des Kreisverbands. Besonders gefällt mir dabei die Zusammengehörigkeit unter den Mitgliedern. Wir sind als VdK eine tolle Gemeinschaft, die viel erreichen kann und anderen Menschen hilft."

Albrecht-Erich Krause (Ehrenamt seit 2004)

Gisela Lauinger (Ehrenamt seit 2004)

„Die Arbeit des VdK ist mir seit frühester Kindheit bekannt. Meinen Eltern hat der Verband in der schwierigen Zeit nach dem Krieg sehr geholfen, davon möchte ich etwas zurückgeben. Es war schon immer mein Bestreben, andere Menschen zu unterstützen. Der Kontakt zu den unterschiedlichen Mitgliedern und die Arbeit in einem engagierten Team gefällt mir dabei besonders."

Umfangreiche Presse- und Öffentlichkeitsarbeit im Sozialverband VdK Niedersachsen-Bremen

Die Abteilung Presse- und Öffentlichkeitsarbeit fungiert als Schnittstelle zwischen dem Sozialverband VdK Niedersachsen-Bremen und der Öffentlichkeit sowie den Medien. Sie informiert regelmäßig über die neuesten Entwicklungen im VdK und veröffentlicht Stellungnahmen zu sozialpolitischen und sozialrechtlichen Themen. Das Aufgabengebiet erstreckt sich von klassischer Presse- und Öffentlichkeitsarbeit im Print- und Online-Bereich über Marketing bis hin zum Veranstaltungsmanagement.

Ein wichtiger Arbeitsschwerpunkt ist die Zusammenarbeit mit Pressevertretern. Die Abteilung ist Ansprechpartner für Journalistinnen und Journalisten zu den VdK-Themen Rente, Behinderung, Gesundheit und Pflege. Zudem werden Hintergrundinformationen vermittelt und Redaktionen bei der Suche nach Betroffenen unterstützt, wenn diese für Themenreportagen in Printmedien oder Fernsehen angefragt werden. So erreicht der VdK durch seine sozialpolitische Expertise und seine große Wirkungskraft mit über 110 000 Mitgliedern Veröffentlichungen in Filmbeiträgen des ZDF oder NDR Niedersachsen.

Darüber hinaus werden Pressemeldungen zu aktuellen sozialpolitischen Themen verfasst, Stellungnahmen des Vorstands formuliert und Forderungen an die Politik gerichtet. Statements des VdK-Landesvorsitzenden Friedrich Stubbe zum Beispiel zur Kritik an der niedersächsischen Pflegekammer, der unverändert hohen Armutsgefährdung oder die Forderung nach einer Kindergrundsicherung erreichten länderübergreifende Veröffentlichungen: Die Deutsche Presseagentur (dpa), WELT, Focus

Bei sozialen Themen ist der VdK wichtiger Ansprechpartner für die Medien.

online oder das Hamburger Ärzteblatt berichteten. Außerdem erfolgten die Publikationen in regionalen Medien, unter anderem in der Osnabrücker Tages-zeitung, dem Bremer Weser Kurier, der Celler Presse oder der Nordwest-Zeitung.

Unterstützung des VdK-Ehrenamts

Neben dem Schreiben von Reden und Grußworten für den VdK-Landesverbandsvorstand unterstützt die Presseabteilung auch das gesamte VdK-Ehrenamt, So werden zahlreiche Musterpressemeldungen – etwa im Rahmen der bundesweiten VdK-Kampagnen – für die Ehrenamtlichen verfasst. Mit regionalem Bezug versehen werden sie den Kreisverbänden und Kreisgeschäftsstellen zur Verfügung gestellt, die diese dann an ihre örtlichen Medienredaktionen weitergeben.

Da die Öffentlichkeitsarbeit für jede einzelne Verbandsstufe von besonderer Bedeutung ist, werden regelmäßig Schulungen zum Thema „Presse- und Öffentlichkeitsarbeit“ angeboten. Jährlich werden im Rahmen der Ehrenamtsseminare zu diesen Inhalten rund 150 Aktive unterrichtet. Daneben bieten sich regionale Kreisarbeitstagungen an, um den Umgang mit den Medien und das Schreiben einer Pressemeldung zu erlernen. Wie wichtig gute Fotos für einen Zeitungsbericht sind und was beim Datenschutz beachtet werden muss, ist ebenso Thema wie eine gute Veranstaltungsplanung und -durchführung.

Eine Rund-um-die-Uhr-Unterstützung findet das Ehrenamt zudem im digitalen Ehrenamtsbereich. Das passwortgeschützte Online-Portal bietet jederzeit abrufbare Informationen und Dokumente für die Vorstandsarbeit, Tipps für die Pressearbeit, Präsentationen der Ehrenamtsseminare zum Nachlesen, Bestellformulare, Merkblätter und vieles mehr. Zusätzlich zur digitalen Information wird einmal jährlich in Zusammenarbeit mit der Organisationsabteilung ein Info-Schreiben per Post mit den wich-tigsten Neuerungen an das Ehrenamt verschickt.

Öffentlichkeitswirksame Außendarstellung

Im Zuge der Öffentlichkeitsarbeit werden diverse Veranstaltungen der einzelnen Verbandsstufen koordiniert. Dafür sind sowohl Werbemittel als auch Informationsstände für die Gestaltung von Ausstellungsflächen und Messen beim VdK-Landesverband verfügbar. Fast wöchentlich sind die Informationsstände des VdK bei Ereignissen der Orts- und Kreisverbände im Einsatz. Hinzu kommen zahlreiche weitere Termine, bei denen die Verbandsstufen ihre eigens angeschafften Infostände präsentieren. Das Info-Material wird dazu von der Presseabteilung zur Verfügung gestellt. Die VdK-Präsenz bei regionalen und überregionalen Ereignissen findet nicht selten auch prominente Unterstützung. So kamen etwa zum Tag der Niedersachsen Sozialministerin Carola Reimann oder zur Weser-Ems-Ausstellung der damalige Wirtschaftsminister Olaf Lies auf Einladung zu Gesprächen an den Stand. Mit wechselnder Standbesetzung präsentieren die

Ehrenamtlichen dabei häufig über mehrere Tage ihren Verband in der Öffentlichkeit. Sie informieren über Aufgaben und Ziele des VdK, erhöhen damit seinen Bekanntheitsgrad und tragen zu einem positiven Image bei.
Hier eine Veranstaltungsauswahl:

Gesundheitsmesse Verden
Special Olympics Hannover
Pferdemarkt Ovelgönne
Ostfrieslandschau Leer
Gesundheitsmesse Bad Zwischenahn
Gesund und fit Cuxhaven
Markt der Möglichkeiten Nordenham
Regionalschau Schaumburg
Public Osterholz-Scharmbeck
Gewerbeschau Wittmund
Tag der Vereine Celle
„Soziale Spaltung“ Lloyd-Passage Bremen
Sandyfest Sandkrug
Tag der Niedersachsen Wolfsburg
Gesundheitsmesse Bremerhaven
Landerlebnis Westerstede
Riesenflohmarkt Elisabethfehn
Tag der Pflege Cloppenburg
RHODO Westerstede
Landesgartenschau Osnabrück
Echt Cloppenburg

VdK-Info-Stand beim Tag der Niedersachsen 2022 in Hannover mit 500 000 Besuchern.

Weser-Ems-Ausstellung Aurich
Tag der Niedersachsen Wilhelmshaven
Tag der Niedersachsen Hannover
Bad Zwischenahner Woche

Zur Außendarstellung des Verbands zählen auch die Flyer der Orts- und Kreisverbände. Sie werden auf Bestellung individuell und kostenfrei in der Presseabteilung angefertigt. Die Gelegenheit, darin ihre Ansprechpartner, Informationen zur Rechtsberatung und das Jahresprogramm vorzustellen, wird von den VdK-Verbandsstufen intensiv genutzt. Jährlich werden rund 70 000 Flyer gedruckt und an Mitglieder sowie Interessierte verteilt. Dies trägt auch zu einem immer höheren Bekanntheitsgrad in der Öffentlichkeit bei. Die Werbung für gemeinschaftliche Unternehmungen vor Ort ist ein zusätzlicher Anreiz, der die Bindung zum Verband enorm stärkt und die Mitgliederzahlen erhöht.

VdK-Zeitung digital und barrierefrei

Viel gelesen und nicht nur bei Mitgliedern äußerst beliebt ist die monatlich erscheinende VdK-Zeitung. Verbände, Behörden, Ministerien sowie Landes- und Bundestagsabgeordnete erhalten die Zeitung. Rund 67 000 Exemplare der Landesausgabe werden in Niedersachsen und Bremen neben dem Versand an die Mitglieder pro Monat verteilt. Jedes Jahr werden insgesamt 50 Seiten in zehn Ausgaben der VdK-Zeitung sowohl inhaltlich als auch bildgestalterisch erstellt. Die Redakteurinnen recherchieren und verfassen dafür eigene Be-

Die VdK-Zeitung erscheint zehnmal im Jahr und geht kostenlos an alle Mitglieder.

richte zu VdK-Themen, Veranstaltungen und Hintergrundinformationen, nehmen Fotos auf und bereiten eingesandte Texte und Bilder aus den Verbandsstufen für die Veröffentlichung auf.
Die VdK-Zeitung kann auch digital als E-Paper gelesen werden. Auf PC, Tablet, Laptop oder Smartphone lässt sich die digitale Ausgabe aufrufen. Zudem baut sich im Laufe der Zeit ein digitales Zeitungsarchiv auf, in dem man nach Artikeln stöbern kann. Eine barrierefreie Version für sehbehinderte und blinde Leserinnen und Leser per E-Mail kam hinzu. Damit wurde die vorherige Informationslücke für diese Mitglieder geschlossen.
Alle Abonnentinnen und Abonnenten der E-Zeitung finden in ihrer Versand-E-Mail automatisch auch einen Link zur barrierefreien Zeitungsausgabe. Die PDF-Datei ist eine für Screenreader optimierte Version und wurde nach den Standards PDF/UA und WCAG 2.1 geprüft.

Seit 2024 neuer Webauftritt des VdK

Einen weiteren Arbeitsschwerpunkt nehmen die Online-Medien des VdK-Landesverbands ein, die in den letzten Jahren zunehmend umfangreicher geworden sind. Um dem Zeitalter der Digitalisierung Rechnung zu tragen, wurde die Presseabteilung zu Beginn des Jahres 2019 personell um den Bereich der Online-Redaktion erweitert – mit großem Erfolg: Der Aufbau der viel besuchten Webseite des Landesverbands www.niedersachsen-bremen.vdk.de konnte vollkommen neu strukturiert werden. Eine klare thematische Gliederung sorgt nun für eine bessere Auffindbarkeit der Themen, große Fotos mit deutlicher Bildsprache steigern die Attraktivität der Texte und regen zum Lesen an. Zudem konnten zahlreiche vertiefende Inhalte zu den VdK-Themen Behinderung, Gesundheit und Pflege sowie Alter und soziale Sicherung erarbeitet werden. Sie ergänzen das kostenlose Angebot für die Besucherinnen und Besucher. Die zusätzliche konsequente Verschlagwortung aller Texte steigert die bessere Auffindbarkeit des VdK Niedersachsen-Bremen im Internet. Allein zwischen 2016 und 2019 steigerte sich die Besucherzahl auf der Webseite dadurch um fast 60 Prozent auf rund 70 000 pro Jahr. Nach langer Vorbereitung ist der Internetauftritt des Landesverbands seit 2024 komplett überarbeitet und erscheint im neuen, frischen Gewand. Das moderne Layout macht die Webseite übersichtlich und barrierefrei, die Inhalte sind klar strukturiert und für die Darstellung auf mobilen Endgeräten wie Smartphone oder Tablet optimiert. „Wir gehen damit einen großen Schritt im Bereich der Digitalisierung und Modernisierung in unserem Verband“, freute sich VdK-Landesverbandsgeschäftsführer Holger Grond. Eine Besonderheit ist, dass neben den 32 VdK-Kreisverbänden erstmals auch alle VdK-Ortsverbände in Niedersachsen und Bremen eine eigene Webseite bekommen haben. Davor hatten die Ortsverbände nur dann einen eigenen Internetauftritt, wenn ein Mitglied aus dem ehrenamtlichen Vorstand die Pflege übernommen hat. Nun sind diese Seiten automatisch mit angelegt und auch schon mit praktischen Inhalten für die Mitglieder bestückt, wie etwa dem Vorstand vor Ort und den Kontaktdaten zur jeweiligen Rechtsberatung. Rund 85 Ehrenamtliche, die die Ortsverbandswebseiten vorher gepflegt haben, wurden bereits in Online-Seminaren für das Programm „Mitmachen“ geschult. Das neue Eingabesystem zeichnet sich durch seine sehr einfache Handhabung aus und wird von allen Verbandsstufen genutzt.

Die Umsetzung des neuen Internetauftritts erfolgte nach den Vorgaben des VdK-Bundesverbands in Zusammenarbeit mit einer Berliner Internetagentur. Auch der VdK-Bundesverband und die übrigen zwölf Landesverbände präsentieren sich damit einheitlich im Netz.

VdK-Webseite auf dem Smartphone

Newsletter und soziale Medien

Ende 2016 wurde zudem ein Newsletter-Versand für Mitglieder, Interessierte und Medienvertreter eingerichtet. Er dient als Ergänzung zur VdK-Zeitung und wird ebenfalls monatlich verschickt. Darin finden sich neben aktuellen Themen aus Sozialpolitik und Sozialrecht auch Gesundheitstipps und diverse Aktivitäten aus den Orts- und Kreisverbänden.

Darüber hinaus wird der Sozialverband VdK Niedersachsen-Bremen auch in den sozialen Medien immer präsenter: Ebenfalls seit Ende 2016 ist ein eigener Facebook-Auftritt aktiv, der stets mit tagesaktuellen Inhalten und Stellungnahmen des Verbands bespielt wird. Die Beiträge des VdK erreichen regelmäßig mehrere tausend Menschen. Auch auf Instagram ist der VdK Niedersachsen-Bremen vertreten.

Plakette „barrierefrei“

Werbewirksam war die mehrfache Vergabe der Plakette „barrierfrei“. Insgesamt 20 der modernen Acrylplaketten mit zugehöriger Urkunde wurden auf Antrag der VdK-Kreisverbände an verschiedene Einrichtungen verliehen.

Zugleich wurden die Prüfkriterien erweitert, damit die Vergabe dieser Plakette unter dem Begriff „barrierefrei“ auch gerechtfertigt ist. So musste der Antragsteller nachweisen, dass das Gebäude, für das die Auszeichnung verliehen werden soll, Mindestanforderungen im Hinblick auf behindertengerechtes Bauen erfüllt. Darüber hinaus wurde auch die Integration behinderter Menschen im Betrieb

Auch das Horst-Janssen-Museum in Oldenburg erhielt die Plakette „barrierefrei“.

berücksichtigt. Diese Auszeichnung wurde zwischenzeitlich eingestellt, weil das Thema Barrierefreiheit sich stärker etabliert hat und barrierefreies Bauen für öffentliche Gebäude ohnehin gesetzlich vorgeschrieben ist.

TV-Interview zur Pflegestudie

Hohe Wellen schlugen die Ergebnisse der großen VdK-Pflegestudie 2022 auch in Niedersachsen und Bremen: Gleich nach ihrer Veröffentlichung erhielten der VdK-Landesverband Niedersachsen-Bremen und seine Kreisverbände mehrere Interviewanfragen. Für einen Fernsehbeitrag im Regionalmagazin buten un binnen auf Radio Bremen kamen die Redakteure in die VdK-Landesverbandsgeschäftsstelle in Oldenburg.

„Warum ist das Thema häusliche Pflege in Öffentlichkeit und Politik bislang weitestgehend unbekannt? Und welche Schlüsse zieht der VdK aus seiner Pflegestudie, was muss sich entsprechend ändern?“, lauteten einige der Fragen. VdK-Landesverbandsgeschäftsführer Holger Grond nahm sich gern die Zeit, um dem Redaktionsteam Rede und Antwort zu stehen: *„Die häusliche Pflege – oder wie wir sie nennen: Nächstenpflege – ist in den vergangenen Jahren von der Politik sträflich vernachlässigt worden. Für Familienmitglieder ist es in den meisten Fällen selbstverständlich, dass sie ihre Angehörigen daheim pflegen. Wie viel Zeit und vor allem Kraft dies kostet, wurde aber lange Zeit totgeschwiegen – bis jetzt! Denn unsere Studie zeigt: Die Pflege zuhause ist am Limit! Mehr als ein Drittel der pflegenden Angehörigen ist so stark überlastet, dass*

sie ans Aufhören denken. Das wäre für unsere Gesellschaft fatal, denn professionelle Pflegedienste können einen Wegfall des bislang größten Pflegedienstes der Nation kaum auffangen. Deshalb ist es jetzt höchste Zeit für die Politik zu handeln!" Der VdK verlangt mehr Unterstützung für pflegende Angehörige durch einen Rechtsanspruch auf Tagespflegeplätze, durch ein einheitliches Budget für alle Unterstützungsleistungen und durch mehr unabhängige Pflegeberatungen.

Holger Grond im NDR 1-Radio

„Steigende Preise und die sozialen Folgen" war 2022 das Thema einer Diskussionsrunde im NDR-Radio, zu dem der VdK Niedersachsen-Bremen eingeladen war. Landesverbandsgeschäftsführer Holger Grond stellte sich zusammen mit einem Soziologen, einer Vertreterin der Verbraucherzentrale und einem Energieberater den Fragen des NDR.

Weiter starkes VdK-Wachstum in Niedersachsen-Bremen: Über 114 000 Mitglieder Ende 2024

Die Mitgliederentwicklung des VdK Niedersachsen-Bremen kennt seit Jahren nur eine Richtung: aufwärts! Ende 2024 waren 114 073 Personen Mitglied im Verband – so viele wie noch nie zuvor.

Allein von 2021 bis 2024 hat es einen Mitgliederzuwachs beim Landesverband von 18,35

VdK-Landesverbandsgeschäftsführer Holger Grond zu Gast beim NDR-Radio zum Thema „Steigende Preise"

TV-Interview Radio Bremen: Landesverbandsgeschäftsführer Holger Grond spricht über die VdK-Forderungen zum Thema Nächstenpflege und fordert die Politik zum Handeln auf.

Prozent gegeben – eine deutliche Steigerung zum Vergleichszeitraum 2017 bis 2020, wo die Mitgliederzahl bereits um 14,5 Prozent zunahm.

Die Corona-Pandemie war in dieser Hinsicht eine Bewährungsprobe für den VdK und seine Mitglieder – die aber hervorragend gemeistert wurde. Während andere Organisationen und Behörden den Beratungsbetrieb wegen der starken Kontaktbeschränkungen einstellten, hat der VdK auf Telefon- und Online-Beratungen umgestellt und konnte so weiterhin die Anliegen der Mitglieder betreuen. Diese Unterstützung, aber auch der kreative Einsatz der vielen ehrenamtlichen Mitarbeiterinnen und Mitarbeiter wurde von Mitgliedern und neuen Interessierten honoriert, wie die Zahlen zeigen: Statt einer Austrittswelle setzte sich der Aufwärtstrend beim VdK auch in den Jahren 2021 und 2022 ungebrochen fort.

Ende 2021 war die Freude besonders groß, als die entscheidende Marke von 100 000 Mitgliedern überschritten wurde. Grit Morbitzer aus dem Landkreis Oldenburg trat mit ihrem Mann Bastian und Tochter Lea Marie in den VdK ein und unterstrich damit den Charakter des „Verbands für die ganze Familie“. Die damals 38-Jährige kannte den Sozialverband bereits seit vielen Jahren durch ihre Arbeit als Pflegeberaterin und wurde auf Empfehlung aus dem Freundeskreis dann Mitglied: „Uns hat das Zusammenspiel aus gemeinschaftlichem Zusammenhalt, rechtlicher Unterstützung und sozialpolitischem Engagement überzeugt. Ein Pluspunkt ist die Unabhängigkeit des VdK von anderen Institutionen. So können die Rechtsberater ganz unvoreingenommen helfen. Wir fühlen uns hier gut aufgenommen!“

Ein solches Jubiläum hatte es zuvor in der Geschichte des VdK noch nicht gegeben. VdK-

Landesverbandsvorsitzender Friedrich Stubbe begrüßte die junge Familie persönlich. Natürlich zeige sich, dass die Menschen Unterstützung in sozialrechtlichen Angelegenheiten benötigen, so VdK-Landesverbandsgeschäftsführer Holger Grond. „Wir merken aber auch, dass viele zu uns kommen, weil sie uns aus dem Bekanntenkreis kennen oder wir empfohlen wurden. Der VdK genießt aktuell in der Bevölkerung so viel Vertrauen wie noch nie. Das macht uns stolz und zeigt, dass wir mit unserer Arbeit den richtigen Weg gehen!" Gleichzeitig hat der Verband mit einer großen Mitgliederzahl eine viel stärkere Durchsetzungskraft, wenn es um Forderungen und Verbesserungen auf sozialpolitischer Ebene geht. „Hier sehen wir deutlich, dass die politischen Entscheidungsträger mehr als früher auf unsere Einschätzung vertrauen und unseren Einsatz als konstruktiver, aber auch kritischer Begleiter der Sozialpolitik im Land schätzen", erklärt Grond.

Die Mitglieder in Zahlen

Dass der VdK keine Probleme hat, neue Mitglieder zu gewinnen, zeigt die Statistik eindrucksvoll: So wurden 2023 mehr als 12 000 Neuzugänge verzeichnet. Pro Kalendertag sind durchschnittlich 33 Personen beigetreten. Zwar ist – wie in jedem Verein – durch Austritte, Sterbefälle und Wohnortwechsel durchaus Bewegung in der Mitgliedschaft. Doch durch einen reinen Nettozuwachs von rund 4500 Mitgliedern pro Jahr gelingt es dem VdK, immer weiter zu wachsen.

Schaut man sich die Geschlechterverteilung im Verband an, liegen die Frauen leicht vorn: Rund 54 Prozent der Mitglieder sind weiblich, 46 Prozent sind männlich. Das Durchschnittsalter der VdK'ler beträgt 61 Jahre. Fünf Prozent der Mitglieder sind sogar jünger als 25 Jahre. Ein Grund dafür ist der kostengünstige Familientarif, der dem Verband immer mehr jüngere Mitglieder beschert. Denn die Angehörigen zahlen hier sowie im Partnertarif nur die Hälfte oder sind sogar ganz beitragsfrei, profitieren zugleich aber – wie ein Vollzahler – vom gesamten Leistungsangebot des VdK.

Überhaupt sehen die Menschen im VdK weit mehr als nur eine persönliche Absicherung für ihre Sozialversicherungsangelegenheiten. Das zeigt die Statistik, die den Erstkontakt zum Beratungsangebot der Kreisgeschäftsstellen erfasst: 39,6 Prozent der Neumitglieder brauchten 2021 bis 2024 juristischen Beistand bei einem Verfahren, 9,9 Prozent suchten nur eine Beratung ohne anschließendes Verfahren. Der durchschnittliche Beratungsbedarf ist gegenüber dem Vergleichszeitraum 2017 bis 2020 gleichgeblieben. Ganze 60 Prozent der Neumitglieder kamen demnach zum VdK ohne einen konkreten Bedarf an sozialrechtlicher Unterstützung. Dies spricht für das weitere Angebot neben der Rechtsberatung: die konsequente Interessenvertretung gegenüber der Politik sowie die persönliche Betreuung der Mitglieder durch ein engagiertes Ehrenamt, der Zusammenhalt in der Gemeinschaft und die vielfältigen Freizeitangebote direkt vor Ort. Auch der Partner- und Familientarif des VdK Niedersachsen-Bremen tragen hierzu entscheidend bei, da Familienangehörige wie Ehepartner und Kinder zumeist ohne Verfahren eintreten.

Tiefe VdK-Verbundenheit

Mit rund 65 Prozent bleibt der Großteil der Mitglieder durchschnittlich bis zu zehn Jahre im VdK. Hierzu zählen Menschen, die den Verband nach erfolgter Rechtsberatung wieder verlassen. Die Dauer der Mitgliedschaft und das Gefühl der Verbandszugehörigkeit nehmen weiter zu, was als positiver Effekt zu verbuchen ist. Gerade ältere Mitglieder sind häufig eng mit dem VdK verbunden und genießen die Wertschätzung dieser besonderen Jubiläen durch Ehrungen auf den Mitgliederversammlungen.

Als 100 000. Mitglied trat 2021 Grit Morbitzer aus dem Landkreis Oldenburg mit ihrem Mann Bastian und Tochter Lea Marie in den VdK ein und wurde vom VdK-Landesverbandsvorsitzenden Friedrich Stubbe (links) begrüßt.

Die Freude war bei den Mitarbeiterinnen und Mitarbeitern der Oldenburger VdK-Landesverbandsgeschäftsstelle besonders groß, als die entscheidende Marke von 100 000 Mitgliedern überschritten wurde: Das musste gefeiert werden.

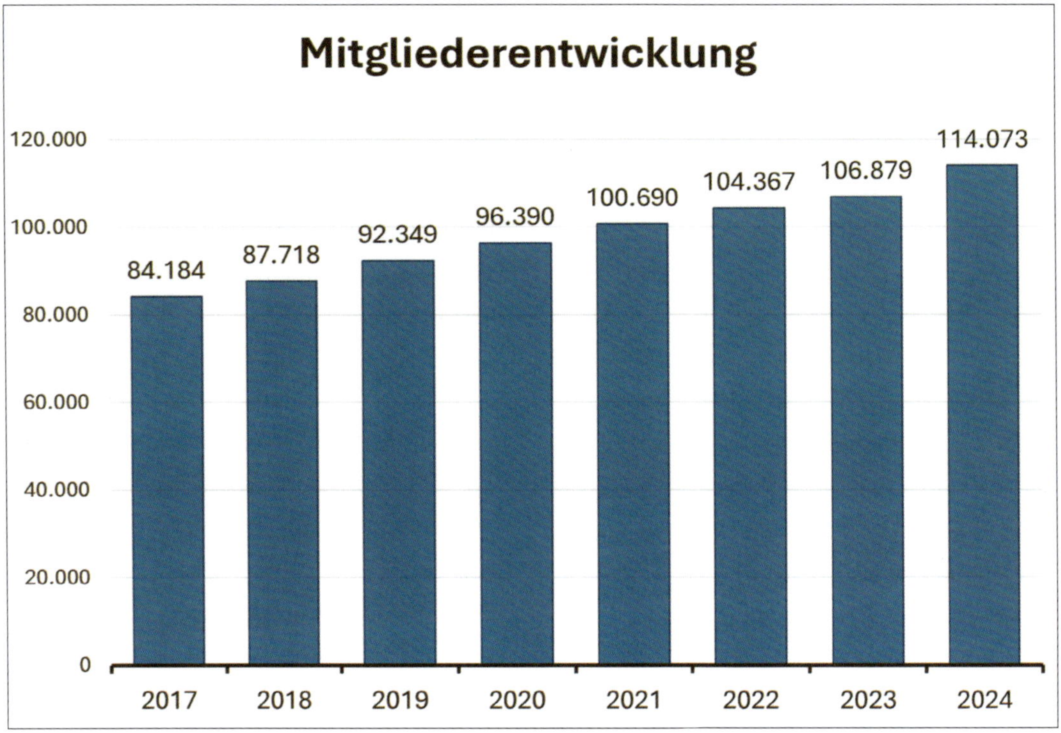

Großes Jubiläum 2024: 75 Jahre VdK Niedersachsen-Bremen

Seit 75 Jahren steht der Mensch beim Sozialverband VdK Niedersachsen-Bremen im Mittelpunkt. Dieses Jubiläum wurde gebührend gefeiert. Aber nicht in einem großen Festakt mit Vertretern aus Politik und Gesellschaft, sondern direkt vor Ort bei den rund 2000 Ehrenamtlichen des Verbands. So rückten die regionalen Feiern das Ehrenamt in den Mittelpunkt.

„Unser Ehrenamt ist die wichtigste Stütze des VdK. Wir verstehen uns als große Solidargemeinschaft, in der sich die Menschen gegenseitig helfen und niemand auf sich allein gestellt ist – diese Gemeinschaft wird getragen von unseren Ehrenamtlichen, früher wie heute. Deshalb wollten wir alle einbeziehen und mit ihnen zusammen feiern, denn ihnen gebühren unser Dank und unsere besondere Anerkennung. Sie sind das Gesicht zu unseren Mitgliedern und das Herz unseres Landesverbands“, erklärt VdK-Landesverbandsvorsitzender Friedrich Stubbe. „Mit den regionalen Feierlichkeiten konnten wir den Kerngedanken der Solidarität in den Mittelpunkt stellen und den bemerkenswerten Einsatz der vielen freiwilligen VdK’ler würdigen“, so VdK-Chef Stubbe. Ganz nach dem Motto: Im Mittelpunkt der Mensch.

Gegründet wurde der VdK in Niedersachsen und Bremen im Jahr 1949 aus der Not heraus – von Frauen und Männern, die den Zweiten Weltkrieg überlebt hatten. Damals stand die Hilfe an den Menschen im Vordergrund, sie mussten mit dem Nötigsten versorgt werden. Dabei war der Zusammenhalt unglaublich groß und so entstand der VdK – als Verband der Kriegsbeschädigten und Kriegshinterbliebenen. Aus dieser frühen Selbsthilfeorganisation hat sich der VdK über die Jahre hinweg zu einem modernen und Deutschlands größtem Sozialverband weiterentwickelt.

„Der Zusammenhalt untereinander macht den VdK auch heute – 75 Jahre später – noch aus: Wir setzen uns ein für die Schwachen in der Gesellschaft, für Alte, Kranke, Arme, Kinder und Menschen mit einer Beeinträchtigung – kurzum: für alle, die von unserer heutigen Leistungsgesellschaft an den Rand gedrängt und ausgegrenzt werden", macht VdK-Landesverbandsgeschäftsführer Holger Grond deutlich.

Drei Säulen des VdK

Heute steht der VdK fest auf drei Säulen: Sozialrechtsberatung, Interessenvertretung und Gemeinschaft. In Niedersachsen und Bremen vertritt der VdK mehr als 110 000 Mitglieder. Bei Problemen mit der Rente, bei Nicht-Anerkennung einer Schwerbehinderung, eines Pflegegrades oder bei der Versorgung mit dringend notwendigen Hilfsmitteln verhelfen Volljuristinnen und Volljuristen den Mitgliedern zu ihrem Recht. Viele Millionen Euro Nachzahlungen haben sie vor den Sozialgerichten erstritten – Geld, was den Menschen per Gesetz zusteht.

Neben der erfolgreichen sozialrechtlichen Beratung setzt sich der VdK seit 75 Jahren auch für ein solidarisches Miteinander in Politik und Gesellschaft ein und kämpft besonders für die Menschen, die sonst nicht gehört werden, weil sie sozial benachteiligt werden. „Wir sind heute mehr denn je eine wichtige Stimme für soziale Gerechtigkeit. Häufig sind wir für die politisch Verantwortlichen unbequem, wenn wir Missstände im Sozialsystem anprangern – aber wir zeigen auch Lösungen auf und sind damit ein kritischer, aber auch konstruktiver Begleiter der Sozialpolitik in Niedersachsen und Bremen", so Friedrich Stubbe.

Mit zahlreichen bundesweiten Kampagnen haben sich Haupt- und Ehrenamtliche des VdK in den vergangenen Jahren öffentlichkeitswirksam für Verbesserungen im Sozialsystem stark gemacht. „Große Pflegereform – jetzt!", „Weg mit den Barrieren", „Soziale Spaltung stoppen", „Rente für alle", „Sozialer Aufschwung jetzt" oder „Nächstenpflege" lauteten die Aktionen, deren Einsatz anschließend auch sozialpolitisch belohnt wurde: So hat der VdK bundesweit zum Beispiel bewirkt, dass die Mütterrente angeglichen und der Mindestlohn eingeführt wurden. Außerdem wurden ganz erhebliche Verbesserungen bei der Erwerbsminderungsrente erzielt. In Niedersachsen wurde 2019 das inklusive Wahlrecht umgesetzt, seitdem dürfen auch betreute Menschen mit einer Behinderung wählen gehen. Und seit 2023 gibt es endlich die vollständige Schulgeldfreiheit für Heilerziehungspfleger.

Vor allem aber ist der VdK eine starke, solidarische Gemeinschaft, in der gegenseitige Hilfe einen hohen Stellenwert genießt – damals, heute und in Zukunft. Diese Säule wird von den vielen Ehrenamtlichen getragen. Sie gestalten in den Orts- und Kreisverbänden ein aktives Miteinander, bei dem einer für den anderen einsteht. „Besonders in der zurückliegenden Corona-Pandemie haben wir erlebt, wie gut und wichtig der Zusammenhalt unserer großen VdK-Familie in dieser schwierigen Zeit war. Da wurden Telefonketten gebildet, Masken genäht, Unterstützung beim Einkaufen angeboten und Hörgeschichten aufgenommen, um kulturelle Lichtblicke in Zeiten der Isolation zu bieten. Mit diesen wunderbaren Aktionen hat unser Ehrenamt gezeigt: Ihr seid nicht allein, der VdK ist auch in schwierigen Zeiten an eurer Seite!", resümiert Friedrich Stubbe den besonderen Zusammenhalt innerhalb des Verbands.

In 75 Jahren hat der VdK Niedersachsen-Bremen viel erreicht: sozialpolitische Errungenschaften auf Bundes- und Landesebene, eine stetig steigende Mitgliederzahl und die wichtige gemeinschaftsbildende Funktion des Ehrenamts als starke Stütze der Gesellschaft.

Die Mitglieder des VdK Landesverbandsvorstands reisten durch Niedersachsen und Bremen, um an den 75-Jahr-Feiern in den Kreisverbänden teilzunehmen und den Ehrenamtlichen zu danken.

„Der VdK ist eine tolle Gemeinschaft“: Claus Tinnefeld von Anfang an Mitglied

Seit mittlerweile 75 Jahren ist Claus Tinnefeld Mitglied. Der 81-Jährige trat bereits 1948 in die sich etablierenden Gruppierungen des entstehenden VdK in Nordrhein-Westfalen ein und hat dies laut eigener Aussage bis heute nicht bereut. Im Interview mit Detlev Bonnekoh, Vorstandsmitglied im VdK-Ortverband Hannover-Ost und Lagenhagen, sprach Claus Tinnefeld unter anderem über die Beweggründe, in den VdK einzutreten und warum er noch immer ein stolzes Mitglied des Sozialverbands VdK ist.

Bonnekoh: Herr Tinnefeld, bitte erzählen Sie mir, was eine Apfelsine mit Ihrer Mitgliedschaft im VdK zu tun hat?
Tinnefeld: Im Jahr 1947, nur zwei Jahre nach dem Ende des Krieges, lag Deutschland noch in Trümmern. Der VdK Dinslaken lud Menschen mit Kriegsverletzungen zu einer Weihnachtsfeier im örtlichen Gemeindehaus ein. Vom Weihnachtsmann bekam ich eine kleine Tafel Schokolade und eine Apfelsine geschenkt. Diese Apfelsine hat mich seitdem, ich war damals sechs Jahre alt, bis heute geprägt, was meine Verbindung zum VdK angeht.

Was war der Grund für Ihre Einladung? Es waren doch nur Menschen mit Kriegsverletzungen eingeladen.
Meine Mutter und ich wurden im Krieg von einer Artilleriegranate getroffen. Meine Mutter wurde dabei tödlich verletzt, und ich erlitt einen Splitter in der Lunge, direkt am Herzen, wo er sich bis heute noch befindet.

Was hat Sie dazu veranlasst, dem VdK beizutreten, und wann war das?
Wie ich bereits sagte, haben die Weihnachtsgeschenke, insbesondere die Apfelsine, mich sehr beeindruckt. 1948, als ich sieben Jahre alt war, meldete mich mein Vater im VdK an.

War die Apfelsine der einzige Grund?
Nein, nicht nur die Apfelsine. Nach dem Tod meiner Mutter war ich Halbwaise, und mein Vater wollte sicherstellen, dass ich durch die vom VdK angebotenen Leistungen abgesichert war.

Haben Sie jemals darüber nachgedacht, aus dem VdK auszutreten?
Nein, niemals.

Warum nicht?
Es gab und gibt mehrere Gründe dafür. Der erste Zeitpunkt, an dem ich darüber nachdenken konnte, war, als ich 21 Jahre alt wurde und volljährig war. Zu dieser Zeit war der VdK bereits in verschiedenen sozialen Bereichen aktiv, und ich wollte mit meiner Mitgliedschaft dazu beitragen. Außerdem half mir der VdK dabei, meine Kriegsopferrente zu kapitalisieren, was während der Gründung meiner Familie sehr wichtig war.

Haben Sie sich schon einmal ehrenamtlich im VdK engagiert?
Ja, das habe ich. Das war in den 1980er Jahren, als der damalige Vorsitzende des Ortsverbands

Hannover-Vahrenwalde sein Amt aus verschiedenen Gründen niederlegen musste. Ich habe zwei Jahre lang dieses Amt ausgeübt, es dann aber aus familiären und beruflichen Gründen wieder abgegeben.

Sie sind dem VdK seit 75 Jahren treu geblieben. Was schätzen Sie heute besonders am VdK?

Besonders schätze ich das sozialpolitische Engagement und den Einsatz für soziale Gerechtigkeit in Deutschland für alle Bürger, die Betreuung der Mitglieder im rechtlichen Bereich und das aktive Leben im Verband.

„Wir sind ein schlagkräftiger Verband“: Verena Bentele im Gespräch mit Ulrike Mascher

Aus Anlass des 75-jährigen Bestehens des VdK sprach Präsidentin Verena Bentele mit ihrer Amtsvorgängerin und VdK-Ehrenpräsidentin Ulrike Mascher über wichtige Meilensteine auf dem Weg zum größten Sozialverband Deutschlands. Das Erfolgsrezept des VdK sind die Menschen, die mit ihrer engagierten Arbeit im Ehren- sowie im Hauptamt den Verband zu einer kraftvollen Bewegung für soziale Gerechtigkeit machen.

Verena Bentele: Liebe Ulrike, Du warst bei Deinem Amtsantritt im Jahr 2008 die erste Frau an der Spitze des VdK. Gab es Vorurteile, die Dir begegnet sind von den Männern in unserem Verband?

Ulrike Mascher: Es gab sicher einige Männer, die der Meinung waren, sie könnten das viel besser. Im VdK gibt es aber schon seit der Gründungszeit viele Frauen. Damals waren es die Kriegswitwen mit Kindern, inzwischen sind es viele, die sich beim VdK ehrenamtlich engagieren. Man muss sie nur ermutigen.

Bentele: Ich hatte das Riesenglück, dass ich den VdK als große Interessensvertretung geführt von einer Frau, nämlich von Dir, kennengelernt habe. Als ich mich in der Bundesregierung als Behindertenbeauftragte engagierte und Du VdK-Präsidentin warst, wurde ich von Dir angesprochen. Das war für mich eine besondere Unterstützung. Wie entscheidend war das für Dich, dass du eine Frau als Nachfolgerin fördern konntest?

Mascher: Für mich war das ein entscheidender Punkt. Für mich war aber auch wichtig, dass wir mit Dir eine Selbstbetroffene haben. Eine, die aus eigener Erfahrung wusste, wie man sich da durchkämpfen muss.

Bentele: Unser VdK wird 75 Jahre alt. Was macht für Dich den Erfolg unseres Verbands aus?

Mascher: Ein Erfolgsrezept ist die Verbindung von sehr engagierten ehrenamtlichen und qualifizierten hauptamtlichen Mitarbeiterinnen und Mitarbeitern, die zum Beispiel in der Rechtsberatung Tag für Tag wertvolle Arbeit leisten. Man muss sich ja vorstellen, dass in der juristischen Ausbildung Sozialrecht keine Rolle spielt. Obwohl Sozialrecht so entscheidend ist für die Lebenssituation von Millionen von Menschen, findet es in der Ausbildung kaum statt. Der VdK füllt diese Leerstelle und hat zudem schon ganz früh nach seiner Gründung angefangen, mit einer sehr offensiven

Alte und neue Generation an einem Tisch: Verena Bentele (links) ist seit 2018 die Präsidentin des Sozialverbands VdK Deutschland. Ihre Vorgängerin Ulrike Mascher war zehn Jahre im Amt (2008 bis 2018) und ist heute VdK-Ehrenpräsidentin.

Öffentlichkeitsarbeit auf die sozialen Probleme hinzuweisen. In den 1950er- und 60er-Jahren gab es riesige VdK-Demonstrationen. Da waren Kriegsversehrte dabei, die zum Teil auf ihren Rollwägelchen saßen, weil ihnen beide Beine fehlten. Ein Bild, das ich noch heute im Kopf habe. Da hat sich wirklich viel verbessert, auch dank des VdK.

Bentele: Besonders fasziniert mich am VdK, dass wir eine Mischung aus ganz unterschiedlichen Menschen sind. Wir haben tolle engagierte Ehrenamtliche, die vor Ort die Menschen unterstützen, die von der Informationsveranstaltung bis hin zur Faschingsfeier vieles möglich machen, was gegen Einsamkeit wirkt und Menschen zusammenbringt. Und wir sind ein wirklich starker Verband, der auch politisch schon viel erreichen konnte. Zum Beispiel haben wir die Ergänzung des Artikels 3 im Grundgesetz um den Zusatz „Niemand darf wegen seiner Behinderung benachteiligt werden" in den 1990er-Jahren durchgesetzt. Damals war Walter Hirrlinger VdK-Präsident. 2002 wurde das Behindertengleichstellungsgesetz verabschiedet, 2006 das Allgemeine Gleichbehandlungsgesetz, 2009 habt ihr mit Dir als Präsidentin die Rentengarantie erreicht. Das sind tolle Wegmarken, die wir gemeinsam geschafft haben als Sozialverband VdK. Sie zeigen, dass wir ein schlagkräftiger Verband sind.

Mascher: Jede Abgeordnete, jeder Minister, jede Oberbürgermeisterin weiß genau, wenn die Vertreterinnen und Vertreter des VdK kommen, dann stehen mittlerweile 2,3 Millionen Mitglieder hinter ihnen. Das ist für Politiker die Währung, die zählt. Das sind alles potenzielle Wählerinnen und Wähler.

Bentele: Wir werden nicht nachlassen, unsere Ziele zu verfolgen. Politisch ist für uns das Allerwichtigste, für soziale Gerechtigkeit einzustehen. Das heißt, dass wir für Sozialversicherungssysteme kämpfen, an denen sich alle beteiligen. Alle Erwerbstätigen, alle Selbstständigen, Beamtinnen, Beamte, Politikerinnen und Politiker sollen in die Rentenversicherung und in die Krankenversicherung und alle anderen sozialen Sicherungssysteme einzahlen. Das ist für uns eine wichtige Forderung, an der wir in den nächsten Jahren dranbleiben.

Zu den Personen

Ulrike Mascher (86) wurde 2006 zur Landesverbandsvorsitzenden des VdK Bayern gewählt. Danach war sie von 2008 bis 2018 als erste Frau Präsidentin des VdK Deutschland.

© VdK, Eva Hochreuther

© VdK, Eva Hochreuther

Als ihre Nachfolgerin empfahl sie Verena Bentele (42), die auf dem VdK-Bundesverbandstag im Mai 2018 zur Präsidentin gewählt wurde. Im Jahr 2023 bestätigten die Delegierten des Bundesverbandstages sie einstimmig im Amt.

Anhang

Meilensteine des Sozialrechts von 1950 bis 2023

1950
Gesetz über die Versorgung der Opfer des Krieges (Bundesversorgungsgesetz, BVG), mit dem ein einheitliches Versorgungsrecht für die Kriegsopfer im Bundesgebiet geschaffen wurde.

1954
Sozialgerichtsgesetz

1961
Bundessozialhilfegesetz

1965
Witwenrente wird auf 60 Prozent der vom Verstorbenen bezogenen Rente erhöht.

1974
Schwerbehindertengesetz

1994
Artikel 3 Grundgesetz: Beim VdK-Bundesverbandstag 1994 in Bonn kündigte Bundeskanzler Helmut Kohl die Aufnahme des Benachteiligungsverbots von Menschen mit Behinderung in den Artikel 3 des Grundgesetzes an. Dafür hatte der VdK gekämpft. Seitdem steht im Grundgesetz: „Niemand darf wegen seiner Behinderung benachteiligt werden.“

1995
Pflegeversicherungsgesetz

2000
Gesetz zur Reform der Renten wegen verminderter Erwerbsfähigkeit

2002
Bundesbehindertengleichstellungsgesetz

2004
Rentenversicherungsnachhaltigkeitsgesetz: Einführung eines Nachhaltigkeitsfaktors in der Rentenanpassungsformel.

2005
Drittes und Viertes Gesetz für moderne Dienstleistungen am Arbeitsmarkt: Abschaffung der Arbeitslosenhilfe, Grundsicherung für Arbeitssuchende auf Sozialhilfeniveau (Hartz IV), Kinderzuschlag und Änderung des Wohngeldgesetzes.

2008
Niedersächsisches Landesgleichstellungsgesetz nach massivem Druck durch das „Bündnis für ein Niedersächsisches Gesetz zur Gleichstellung von Menschen mit Behinderung“, an dem sich der VdK beteiligte.

2009
Der VdK setzt 2009 die Rentengarantie durch. Rentenkürzungen sind dadurch ausgeschlossen.

2010

Das Bundesverfassungsgericht beschließt im Jahr 2010, dass die Hartz-IV-Regelsätze neu berechnet werden müssen. Das Urteil ist auch als Erfolg der „Aktion gegen Armut" des VdK zu werten.

2017

Im Rahmen des zweiten Pflegestärkungsgesetzes wird 2017 ein neuer Pflegebedürftigkeitsbegriff eingeführt. In der Folge werden mehr Menschen, darunter viele Demenzerkrankte, als pflegebedürftig anerkannt.

2019

In einer bundesweiten Aktion macht sich der VdK 2019 für eine „Rente für alle" stark. Ein Rentenpaket tritt in demselben Jahr in Kraft und bringt Verbesserungen bei der Erwerbsminderungsrente und bei der Mütterrente. Die Grundrente wird verabschiedet.

2023

Der Bundestag beschließt 2023 mit dem Pflegeunterstützungs- und Entlastungsgesetz unter anderem ein Entlastungsbudget für Pflegebedürftige, das der VdK gefordert hatte.

Organisatorischer Aufbau des Sozialverbands VdK Niedersachen-Bremen e.V.

Stand: Mai 2025

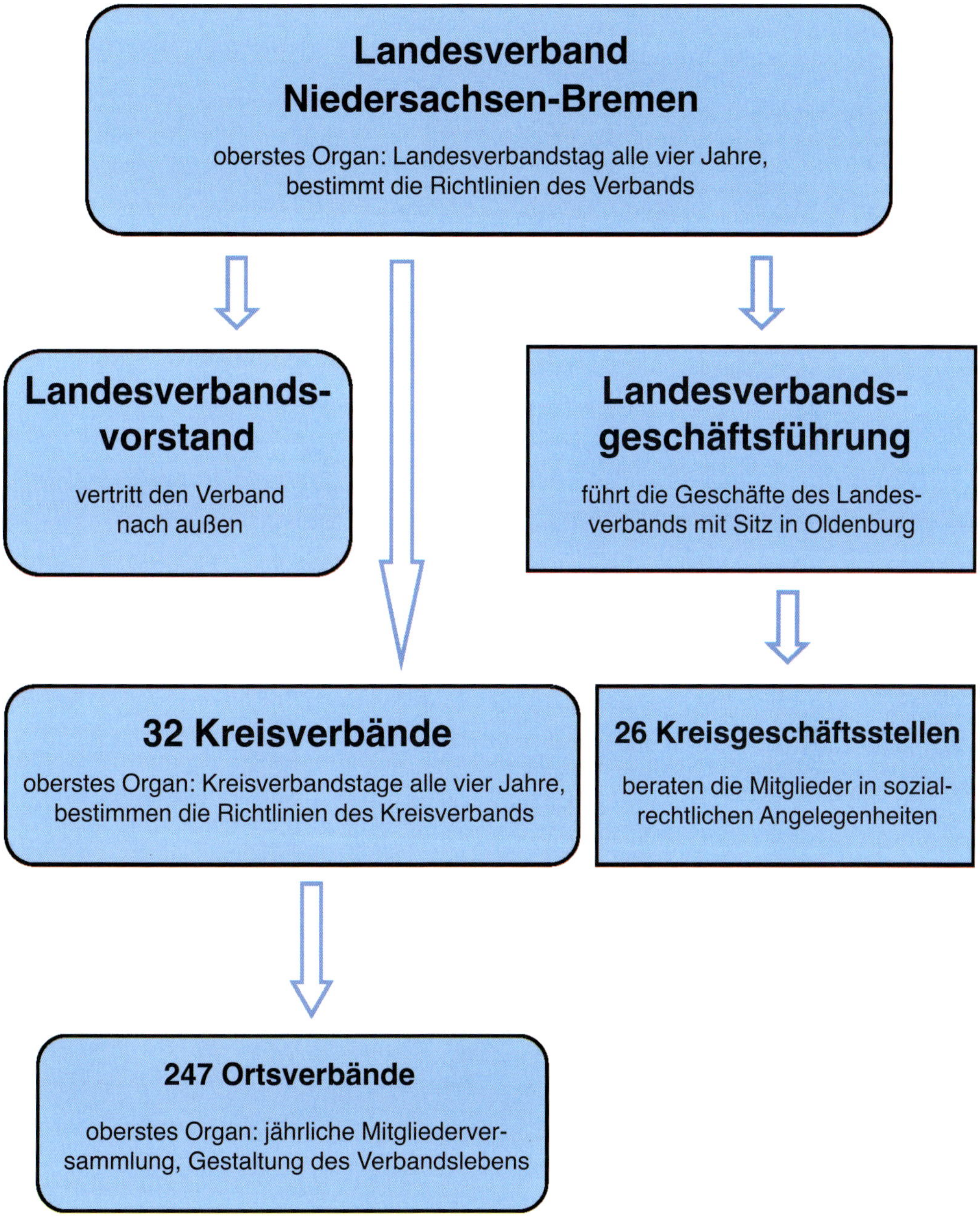

Führungspersönlichkeiten prägen damals wie heute den VdK: Landesverbandsvorsitzende und Landesverbandsgeschäftsführer seit 1949

Landesverbandsvorsitzende:

Georg Niemeyer
1949-1970

Paul Friedrich
1970-1984

Prof. Karl Heinz Lasrich
1984-1998

Manfred Hüniken
1998-2008

Ute Borchers-Siebrecht, seit 2015 Brandt 2008-2016

©: Peter Himsel

Friedrich Stubbe
seit 2016

Landesverbandsgeschäftsführer:

Hans Schröder
1949-1960

Karl Schenkendorf
1960-1982

Klaus-Günter Schmidt
1983-2014

Jürgen Wachtendorf
2014-2017

©: Peter Himsel

Holger Grond
seit 2017

Karte Niedersachsen-Bremen mit VdK-Geschäftsstellen

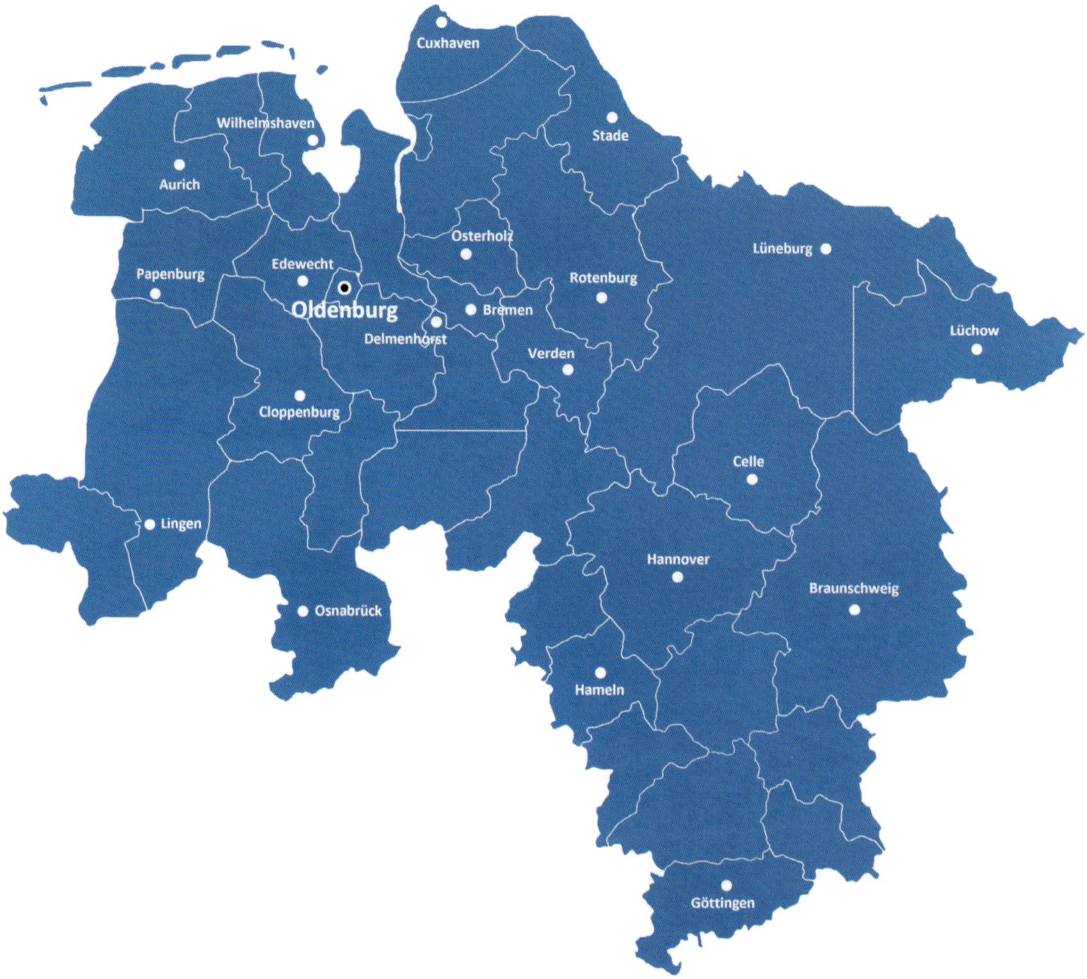

Literaturverzeichnis

Deutsche Geschichte in Bildern Bd. 2
Hrsg. Christoph Stölzl
Sonderausgabe für die Leser der Frankfurter Allgemeine Zeitung 1997

Die ersten fünfzig Jahre des XX. Jahrhunderts Bd. II
Hrsg. Kurt Zentner, Burda Verlag Offenburg/Baden 1950

Fragen an die deutsche Geschichte
Hrsg. Deutscher Bundestag Referat Öffentlichkeitsarbeit 1994

Geschichte der Stadt Oldenburg Band 2: 1830 – 1955
Hrsg. Stadt Oldenburg Dr. Ekkehard Seeber (Kulturdezernent)
Isensee Verlag Oldenburg 1996

Kogon, Eugen: Das deutsche Volk und die Konzentrationslager.
In: Die Neue Rundschau, Jahrgang 56/57, Heft 4, Juli 1946

Mitteilungen der DRK-Landeshilfe Oldenburg, Nr. 5, Jg. 1, Dezember 1948

Weihnachten in Oldenburg
Günter G. A. Marklein, Isensee Verlag Oldenburg 2022

Quellen

VdK Deutschland 50-Jahr-Chronik
VdK-Geschäftsberichte Niedersachsen-Bremen
VdK-Jubiläumsschriften Niedersachsen-Bremen (25, 30, 50, 60 Jahre)
VdK-Zeitung, Landesausgaben Niedersachsen-Bremen
VdK Niedersachsen-Bremen und VdK Deutschland: Web-Seiten